AF466816

NOTICE HISTORIQUE

SUR

CASTELNAUDARY

ET

LE LAURAGAIS

OUVRAGE COURONNÉ

PAR LA SOCIÉTÉ ARCHÉOLOGIQUE DU MIDI DE LA FRANCE

PAR

Léon CLOS

Avocat, Lauréat de l'Institut (Académie des inscriptions et belles-lettres),
Lauréat et correspondant de l'Académie des sciences, inscriptions et belles-lettres
et de celle de Législation de Toulouse.

TOULOUSE

ÉDOUARD PRIVAT, IMPRIMEUR-LIBRAIRE

RUE DES TOURNEURS, 45

1880

NOTICE HISTORIQUE

SUR

CASTELNAUDARY

ET

LE LAURAGAIS

CASTELNAUDARY.

St PAPOUL.

Castelnaudary; d'azur, à la tour à cinq créneaux d'argent donjonnée de trois donjons, celui du milieu plus élevé, la porte de la tour ouverte de sable; en chef trois fleurs-de-lys d'or.

L'écu accolé de deux palmes de sinople liées d'azur.

Saint-Papoul; d'azur, au Saint-Papoul habillé en diacre, tenant de sa main dextre une palme et de la senestre le crâne de sa tête, le tout d'or.

L'écu accolé de deux palmes de sinople liées d'azur.

Capite absciso fons scaturivit quo sanctus martyr manibus propriis caput suum abstulit. Manuum et tibiarum figuram impressam lapis restituit.
(Vita brevis St Papuli).

NOTICE HISTORIQUE

SUR

CASTELNAUDARY

ET

LE LAURAGAIS

OUVRAGE COURONNÉ

PAR LA SOCIÉTÉ ARCHÉOLOGIQUE DU MIDI DE LA FRANCE

PAR

Léon CLOS

Avocat, Lauréat de l'Institut (Académie des inscriptions et belles-lettres),
Lauréat et correspondant de l'Académie des sciences, inscriptions et belles-lettres
et de celle de Législation de Toulouse.

TOULOUSE

ÉDOUARD PRIVAT, IMPRIMEUR-LIBRAIRE

RUE DES TOURNEURS, 45

1880

INTRODUCTION

La notice que je publie aujourd'hui est le fruit de quelques loisirs, et de l'attachement que je porte au pays que j'habite depuis plus de quarante ans. Jadis membre du conseil d'arrondissement de Castelnaudary, j'ai pu étudier avec soin son histoire, dont j'essaye de retracer ici les révolutions successives.

L'histoire du Lauragais est peu connue, surtout son histoire ancienne. M. Guilhe, dans un petit ouvrage sur le pays de Toulouse et le Lauragais, n'a fait qu'esquisser ce sujet; le baron Trouvé, dans sa *Statistique du département de l'Aude,* ne traite qu'accessoirement et brièvement de l'histoire moderne du Lauragais. Castelnaudary est mon principal sujet, et je ne m'occupe pas des autres villes telles que Revel, Sorèze, Puylaurens, qui faisaient partie du Lauragais, mais qui ne sont pas comprises dans le département de l'Aude.

J'ai entendu parfois, en chemin de fer, des voyageurs demander ce que signifiait la colonne de Naurouse, et aussi le nom de Mas-Saintes-Puelles donné à la station la plus rapprochée de Castelnaudary. Ceux qui se trouvaient dans le même compartiment étaient tout aussi embarrassés, et ne pouvaient les éclairer à cet égard, car les choses qui nous touchent le plus sont souvent celles que nous savons le moins.

Je cherche à réveiller dans ma notice d'antiques, de glorieux souvenirs. Castelnaudary n'est pas, en effet, une ville ordinaire. Au moyen âge elle a joué un rôle important, car elle a été la résidence de Simon de Montfort et d'Alix de Montmorency, sa femme; et elle a soutenu plusieurs siéges mémorables. Dans les temps modernes, le maréchal de Schomberg y battit et y prit à ses portes le duc de Montmorency, qui y commandait les troupes de Gaston d'Orléans. Enfin, lorsqu'un si grand nombre de villes d'une importance moindre ont des histoires, il m'a paru que Castelnaudary méritait aussi d'avoir la sienne, et c'est ce que je tente aujourd'hui.

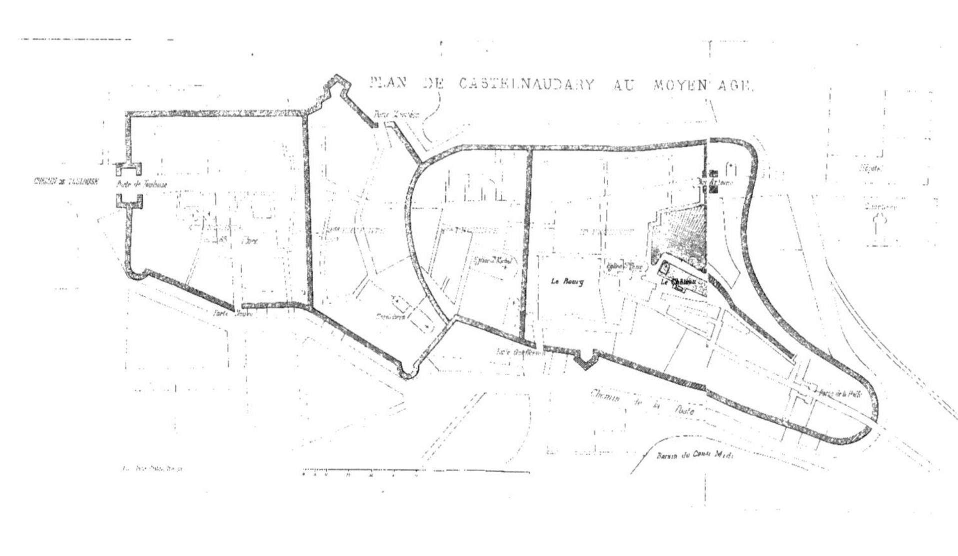
PLAN DE CASTELNAUDARY AU MOYEN AGE.
Porte de Toulouse
Le Bourg
Le Château
Chemin de la Poste

PLAN

DE LA

VILLE DE CASTELNAUDARY

La ville de Castelnaudary a eu, au moyen âge, quatre enceintes successives :

La première et la plus ancienne comprenait le *Château* et le *Bourg*. C'est celle qui existait à l'époque de la croisade contre les albigeois, et c'est par la porte Saint-Antoine, qui touchait presque les murs du château, qu'en 1211 Simon de Montfort sortit pour combattre Roger-Bernard sur le chemin de Saint-Martin-la-Lande. Cette enceinte n'avait que la petite église Saint-Pierre, située tout près du château.

Cette église étant devenue insuffisante pour les besoins de la population, celle de Saint-Michel fut fondée, et un vaste quartier se développa autour de cette église; il fut bientôt compris dans le bourg, ce qui donna lieu à la deuxième enceinte.

En 1229, les remparts furent détruits, conformément à l'une des clauses du traité de Meaux, puis rétablis dix ans après. C'est alors que le grand faubourg, qui s'était formé à l'ouest, fut compris dans les murailles, et ce fut là la troisième enceinte.

Enfin, en 1356, le prince de Galles prit la ville et la brûla presque complétement ; mais elle sortit encore une fois de ses ruines, grâce à la munificence du roi Charles V.

Le quartier de la Place fut compris dans les remparts, et alors se forma, en 1366, la quatrième enceinte.

La ville avait six portes : celles de Saint-Antoine et de la Baffe conduisaient au château ; les quatre autres servaient aux habitants du bourg et des autres quartiers, au nombre de six, savoir : celui de la Place, le quartier Narbonnais, celui des Bordes, celui de la Baffe, et deux des faubourgs situés en dedans et au dehors de la porte de Toulouse. La ligne de poste longeait les murailles de la ville ; elle a donné naissance à de nouveaux quartiers, et la ville, qui avait autrefois ses développements vers l'ouest, tend aujourd'hui à s'étendre vers le sud.

L'hôpital Sainte-Marie était en dehors de la porte Saint-Antoine. Il fut détruit en 1382, et rétabli au lieu où il est actuellement, sous l'invocation de l'apôtre saint Jacques.

CHAPITRE PREMIER

ORIGINE DE CASTELNAUDARY

Catel, d'Hauteserre et Lafaille se sont trompés en donnant pour origine à Castelnaudary le *Caput Arietis Castra* dont parle Grégoire de Tours. Cet auteur raconte que Reccared, fils de Leuvigilde, roi des Goths d'Espagne, s'empara de ces châteaux pendant sa première campagne de la Septimanie. Mais dom Vaissete a démontré jusqu'à l'évidence, dans une de ses savantes notes, que les deux mots romans *cap* (tête) et *aret* (bélier) répondant parfaitement aux deux mots latins *Caput Arietis,* il convenait, avec bien plus de raison, de les appliquer à deux tours ou châteaux situés à trois lieues environ de Carcassonne, vers le nord, et à cinq de Castelnaudary, sur la montagne ou puy de *Cabaret,* ainsi nommé « à cause de sa ressemblance avec une tête de bélier, châteaux d'où le petit pays de *Cabardès* tirait son nom[1]. »

Bouillet et Malte-Brun se sont également mépris en soutenant que Castelnaudary a été construit sur l'emplacement de l'ancienne Sostomagus. « Sosto-

1. *Histoire générale de Languedoc,* t. I, *Preuves,* p. 679.

magus, une des plus anciennes villes de la Gaule méridionale, dit Malte-Brun, fut ruinée à l'époque où les Goths s'établirent dans nos contrées; plus tard, ils la rebâtirent et la fortifièrent, et comme ils étaient ariens, elle prit le nom de *Castrum novum Arianorum*, aujourd'hui Castelnaudary[1]. »

M. Ditandy, dans un ouvrage élémentaire sur le département de l'Aude, ajoute : « Si la ville de Castelnaudary n'a pas été l'antique *Caput Arictis* (Tête de Bélier) dont parle Grégoire de Tours, elle a été certainement la *Sostomagus* des Romains, située sur la voie romaine qui, partant de Carcassonne et suivant toujours le milieu de la plaine, passait à Castelnaudary, au-dessous du bassin du canal actuel, et se prolongeait jusqu'à Toulouse[2]. »

Eh bien ! nous n'hésitons pas à dire que Castelnaudary n'a été ni l'antique *Caput Arietis* dont parle Grégoire de Tours, ni la *Sostomagus* des Romains. Sous ces derniers, le pays toulousain était traversé par une grande voie conduisant de Toulouse à Narbonne, voie si solide que nous en avons encore les restes sous le nom de *Chemin ferré* (cami ferrat) ou des Romains. C'est aujourd'hui le chemin d'intérêt commun n° 33. Il part de Castelnaudary, traverse Pexiora et Bram, et aboutit à Carcassonne. En 1855, pendant les travaux du chemin de fer, on

1. Tome II, p. 154.
2. *Géographie élémentaire du département de l'Aude*, p. 134.

découvrit à Bram une amphore romaine qui se trouve au Musée de Carcassonne.

Entre Toulouse et Carcassonne, la Table théodosienne mentionne trois positions : *Badera*, *Fines*, *Eburomagi*. Le lieu appelé Badera, qui était situé à quinze milles de Toulouse, sur la route de Narbonne, est incontestablement le village de *Baziége*. On y a trouvé deux colonnes milliaires qui portent la note numérale XV, et qui sont conservées au Musée de Toulouse. Le lieu de *Fines* était à dix-neuf milles au-delà de Badera. Il indiquait par son nom la limite du territoire de la cité de Toulouse du côté de Narbonne. Deux colonnes milliaires ont aussi été trouvées dans ce lieu et font partie du Musée de Toulouse; elles portent la note numérale XVIII. La Table théodosienne ne donne pas malheureusement la distance de *Fines* à Bram.

Il est certain que l'origine de Castelnaudary date de la chute de la monarchie des Visigoths. Alaric II ayant été tué à la bataille de Vouglé, Clovis étendit ses conquêtes sur une grande partie de la Gaule méridionale. Pendant que Thierry, son fils, opérait sa jonction avec Gondebaud, roi de Bourgogne, et cherchait à s'emparer de la ville d'Arles, lui-même vint assiéger Carcassonne, où l'on croyait que les trésors des rois visigoths se trouvaient déposés. Théodoric et Alaric II avaient fortifié avec soin cette ville, qui était devenue le boulevard de leurs possessions dans la Gaule. Dans une crise si menaçante, Théodoric le Grand, roi d'Italie, prenant la défense d'Amalaric, son petit-fils, préserva l'empire visigoth d'une destruction totale. Le duc Ibha, son général, franchit les Alpes suivi de 80,000 hommes, battit les alliés devant Arles, et leur arracha les pays situés entre la Durance et la mer, et la plus grande partie de la Septimanie[1]. Clovis, en apprenant ce désastre, abandonna le siége d'une ville qui lui avait résisté pendant six mois, et regagna le nord de la Gaule. Amalaric, pour récompenser Carcassonne de sa vigoureuse résistance, l'éleva à la dignité de *cité* ou de ville épiscopale; elle se trouva, dès lors, annexée à la Septimanie, qui comprit les villes de Narbonne, Béziers, Nimes, Agde, Carcassonne, Maguelonne et Elne; tandis que Toulouse, Uzès et Lodève, qui auparavant avaient appartenu à cette province, restèrent au pouvoir des Francs. La Septimanie ou Gothie gauloise, dont la capitale fut Narbonne et Carcassonne la plus forte place, tendait ainsi à devenir une province espagnole, car les rois visigoths fixèrent alors le siége de leur domination dans les murs de Barcelone, et, un peu plus tard, dans ceux de Tolède.

C'était au territoire de Carcassonne que la France finissait. La rivière de Lampy, autrefois beaucoup

1. « Franci et Burgundi ab Ibha victi sunt. — Francis præerat Theodoricus filius Chlodovei qui tunc temporis Carcasionem obsidebat. » (Dom Bouquet... Naudet, *Rerum gall. et Franc. Script.*, anno 509.)

plus considérable avant la construction du canal du Midi, servait alors de frontière entre les Francs de Toulouse et les Visigoths de Carcassonne. Et, afin de protéger efficacement cette place forte si importante et d'en rendre l'accès plus difficile, divers châteaux furent construits par les Visigoths dans ses environs. Les forts de Cabaret, de Montréal, d'Alairac *(Castrum Alarici)* et plusieurs autres furent alors bâtis pour protéger les Visigoths de Carcassonne contre les invasions des Francs.

Mais le plus important de ces châteaux fut celui de Castelnaudary, construit sur la voie romaine elle-même, non loin de la station de *Fines*. Ce château existait au onzième siècle, puisque dans le contrat de mariage de Guillelmette, fille de Raymond-Bernard, vicomte de Béziers, avec Pierre, vicomte de Bruniquel (1069), on lui donne ce château, qui est appelé *Castro-Novo*[1]. Puis, dans le premier testament de Bernard-Aton, de l'an 1118, ce vicomte de Béziers lègue à son fils aîné et à Raymond Trencavel, son fils puîné, « le château neuf qui est surnommé Arri[2]. » Et, en effet, le seul vocable sous lequel cette ville soit désignée dans toutes les chartes du moyen âge est celui de *Castellum novum Arri,* ou *Arii,* ou *de Ario*, et, en langue

1. Et donamus in alio loco ego Raymundus et Froterius suprascriptus ipsum Castrum quod vocatur *Castro-Novo,* quod tenet Raymundus, Giraldus ab Ato, etc. — Voir aussi *Pièces justificatives,* n° 1.)

2. « Castellum novum quod cognominatur Arri. » *(Preuves de l'Histoire générale de Languedoc*, t. IV de l'éd t. Dumège. p. 371.)

romane, *Castel-nau-dari*, c'est-à-dire château neuf des ariens, parce que les Visigoths qui l'avaient construit et occupé professaient l'arianisme. On dira peut-être que dans les mots « Arius, arien », il n'y a qu'un seul *r*, tandis qu'on en trouve deux dans les mots « Arri, Arrio. » Mais il serait facile de prouver qu'une foule d'autres villes ou villages du pays ont subi, à diverses reprises, pendant ces siècles barbares, non-seulement une simple altération, comme le château de *Casser*, qui est devenu les Casses, mais un changement total dans leur nom. Montoulieu, par exemple, s'appelait *val* Siger, ensuite Mallast, et enfin le nom de Montoulieu lui est resté. Mais ce qui nous paraît devoir lever tous les doutes, c'est que dans les chartes romanes des treizième et quatorzième siècles Castelnaudary est écrit avec un seul *r*[1]. C'est ainsi que les noms donnés autrefois par nos pères se retrouvent dans la mémoire et la bouche du peuple, grâce à une langue commune entre eux et nous qui n'a guère varié. « Presque inaltérable dans la prononciation, dans la prosodie, dans la mélopée, dans l'orthographe même quand on l'écrit, dit M. Charles Nodier, le patois rappelle partout l'étymologie, et souvent on n'y arrive que par lui. »

1. La coutume de Castelnaudary, rédigée en roman, en 1333, dont nous parlerons plus tard, commence ainsi : « Ad honor de la santa et indivisibla Trinitat, le Payre, el Filh, el Sant-Sperit, Amen. Les senhors Cossols populars del *Castel-nau-dari* so es asaber les senhors, etc. (Archives de la mairie. Voir *Pièces justificatives*, nº 3.)

C'est donc dans le patois qu'il faut prendre l'origine du nom que porte Castelnaudary, et elle nous fournit une preuve de l'antiquité de cette ville, dont on peut fixer l'origine au sixième ou au septième siècle.

CHAPITRE II

CASTELNAUDARY A L'ÉPOQUE DE LA CROISADE CONTRE LES ALBIGEOIS

Vers la fin du douzième siècle, des hérétiques dont les erreurs, sous bien des points, rappelaient celle des manichéens, se répandirent dans le Languedoc. Ils admettaient l'existence de deux divinités ennemies et la non présence de Jésus-Christ dans le saint sacrifice de l'autel. Ces sectaires soutenaient encore que le mariage et le baptême ne servent point au salut, et que les corps ne reprendront pas au dernier jour une nouvelle vie. On leur donna le nom d'albigeois à cause du concile d'Albi, qui les condamna en 1176. — Raymond VI, comte de Toulouse, le plus puissant des grands vassaux de la couronne, laissait dans ses vastes domaines les opinions libres, et était trop sage pour persécuter de simples erreurs; mais telles n'étaient pas malheureusement les idées du siècle, et après avoir fait la guerre aux musulmans on s'avisa de poursuivre les hérétiques. Le pape Innocent III publia contre eux une croisade ; un grand nombre de princes et de seigneurs s'empressèrent de répondre à son appel, et Simon de Montfort, comte de Leicester, en devint le chef.

Cette croisade eut d'abord tout le succès que les catholiques désiraient. Après que Béziers et Carcassonne, ces deux grandes forteresses, furent tombées devant les croisés et que le vicomte Raymond-Roger fut mort dans sa prison, Montfort ne garda plus aucune mesure contre le comte de Toulouse, dont il convoitait aussi les riches domaines. Il assiégea les châteaux de Casser, de Castelnaudary, de Montferrand, et, lorsqu'il s'en fut emparé, il s'avança jusqu'aux portes de Toulouse. Mais là, vivement repoussé dans plusieurs sorties que firent les comtes de Toulouse et de Foix, il se vit contraint de lever le siége. Pour se venger de cet échec, il parcourut et ravagea le Quercy et le comté de Foix. Puis, ayant appris que Raymond VI réunissait une nombreuse armée pour aller reprendre Carcassonne, il assembla son conseil pour savoir s'il devait aller défendre cette place. L'auteur de la croisade contre les albigeois, d'accord sur ce point avec la chronique romane, rapporte qu'un sage et vaillant homme, le sieur Hugues de Lascy, lui aurait dit que, s'il voulait l'en croire, c'est dans le plus faible château de sa terre qu'il irait attendre les confédérés[1]. Montfort se rangea de son avis et se jeta dans Castelnaudary, afin d'arrêter le comte de Toulouse dans sa marche sur Carcassonne.

Castelnaudary n'était alors qu'un bien faible château, mais ce château avait une assiette avantageuse, car il était situé sur une hauteur escarpée de trois côtés. Près de la forteresse, s'étaient formées des habitations qui avaient fait naître à leur tour une paroisse. Cette paroisse portait le nom de Saint-Pierre; elle s'élevait sur l'esplanade aujourd'hui vide, au-devant du collége. Montfort fit fortifier le château par une vaste enceinte de murs et de fossés renfermant de nombreuses tours et des bâtiments considérables qui dominaient le bourg.

Raymond VI, suivi de ses alliés, parut devant Castelnaudary vers la fin de l'année 1211, et fit camper son armée, forte de cinquante mille hommes et de dix mille chevaux dans les prairies voisines de la ville, où il se retrancha et entoura son camp de ses chariots et de bons fossés. Les habitants, qui le favorisaient, lui livrèrent aussitôt le bourg; mais Montfort détacha une partie de la gar-

1. El plus *frevol castel*, si creire men voliatz.
Que sia en vostra terra aqui los atendratz.
. . . .
A lendema mati, can lalba fon crebeia
Lo coms de Montfort leva e tota sa maineia
Ves lo Castelnoudari sen va, asta loveia
Aqui atendran lost tro sia albergeia.
(Fauriel, *Histoire en vers de la Croisade*, pp. 156 et 157.)

nison, qui chassa les Toulousains de ce poste important. Il fut cependant repris le soir même, parce que les croisés, n'étant pas assez forts pour le garder, furent obligés de l'abandonner. Raymond VI, pour éviter d'être chassé du bourg, en fortifia les murailles du côté du château; mais les croisés, dans une seconde sortie, chassèrent de nouveau les assiégeants du bourg et les poursuivirent jusque dans leur camp, où ils les forcèrent à se retirer.

Le comte de Toulouse fit alors dresser un mangonneau pour battre les murailles du château. Le succès ne répondant pas à son attente, il fit construire un trébuchet, machine beaucoup plus grande et qui lançait une masse énorme de pierres. Ce trébuchet fit merveille; il abattit une des tours du château, et on donna alors un assaut général sous le commandement des comtes de Foix père et fils, deux des plus vaillants capitaines de leur siècle. Mais ils furent repoussés, et les confédérés comprirent qu'ils ne viendraient à bout de leurs ennemis que par la famine. Le comte de Foix s'empara néanmoins du village de Saint-Martin-la-Lande, situé à une demi-lieue de Castelnaudary, vers Carcassonne, et de plusieurs autres postes avantageux des environs, qu'il fit fortifier.

Simon de Montfort, se voyant serré de très-près, détacha Gui de Lévis, son maréchal de camp, et Bouchard de Marly pour aller à Fanjeaux, à Montréal et à Carcassonne, tant pour prendre des vivres dont le château de Castelnaudary commençait à manquer, que pour rassembler les milices des diocèses de Carcassonne et de Béziers et les amener à son secours. Gui de Lévis et Bouchard levèrent, en effet, deux cent vingt hommes bien armés et se joignirent à un convoi de vivres et de croisés que conduisaient l'évêque de Cahors et l'abbé de Castres. Après leur jonction, ils prirent un chemin détourné pour éviter toute surprise, et passèrent à Saissac, château dont Montfort avait donné le gouvernement à Bouchard de Marly.

Raymond-Roger, comte de Foix, averti de leur marche et de celle du convoi, résolut de les surprendre; il alla se mettre en embuscade entre le village de Las Bordes et Castelnaudary, à une lieue de cette ville. Le lendemain, Gui de Lévis, Bouchard de Marly et les croisés à leur suite, ayant découvert l'embuscade, se préparèrent au combat. Raymond-Roger partagea ses troupes en trois corps; il mit les chevaliers pesamment armés dans le centre, et la cavalerie légère avec l'infanterie sur les ailes. Il marcha ensuite en ordre de bataille contre les croisés, que l'évêque de Cahors et un religieux de Cîteaux exhortèrent à combattre. Le choc fut rude de part et d'autre. Les croisés donnèrent d'abord avec fureur sur la cavalerie de Raymond-Roger, mais ce comte repoussa vivement les croisés et les mit en fuite après en avoir tué un grand nombre, secondé par Giraud de Pépieux, un de ses meilleurs chevaliers.

De la porte du château, où il attendait l'entrée du convoi, Montfort put se convaincre de la déroute des siens; il n'hésita pas à se jeter dans la plaine suivi de soixante cavaliers qui lui restaient, n'en laissant que cinq avec l'infanterie à la garde de la forteresse. Gui de Lévis, Bouchard de Marly et tous ceux qui s'étaient dispersés, le voyant venir à leur secours, reprennent courage et reviennent à la charge. Le comte de Montfort, suivi de ses chevaliers, entra dans la bataille par le grand chemin, et ils combattirent avec tant d'ardeur, qu'ils arrachèrent la victoire à leurs ennemis, qui avaient eu le tort de dépouiller les morts et de s'amuser au pillage. Ce fut en vain que Raymond-Roger fit des prodiges de valeur pour tâcher de rétablir le combat; il tua même de sa propre main trois fils du châtelain de Lavaur, et son épée s'étant rompue à force de frapper, il se vit obligé de se retirer avec ses troupes. Durant l'action, Savaric de Mauléon, sénéchal d'Aquitaine, fit quelques efforts pour se rendre maître du château, mais les cinq chevaliers qui le gardaient, avec l'infanterie, rendirent sa tentative inutile. Le nom de Mauléon est toutefois resté aux quartiers où l'attaque se fît.

Les historiens ne sont pas d'accord sur les circonstances de cette bataille. Les uns prétendent que Montfort ne combattit pas, parce qu'il arriva trop tard; les autres soutiennent que Roger-Bernard, fils du comte de Foix, étant survenu avec un corps de troupes fraîches, repoussa vivement les croisés et fit durer l'action jusqu'à la nuit, qui sépara les combattants. Une chose qui paraît hors de doute, c'est que l'arrivée de Montfort sur le lieu du combat décida la victoire en sa faveur. Ce qui le prouve, c'est que, rentré ensuite à Castelnaudary, il se déchaussa et marcha nu-pieds jusqu'à l'église Saint-Pierre, où il fit chanter un *Te Deum*. Puis, à la première heure de la nuit, il voulut surprendre les Toulousains dans leurs retranchements, croyant avoir bon marché de soldats harassés et endormis; mais il fut ramené vivement vers le château.

De son côté, le comte de Foix envoya le lendemain des courriers dans tous les environs, où il fit publier qu'il avait défait les croisés. Ces courriers jetèrent l'épouvante partout, et divers châteaux se soumirent au comte de Toulouse, qui continua le siége de Castelnaudary. Montfort, voyant alors l'insuffisance du secours qu'il avait reçu, se rendit à Narbonne au-devant d'un nouveau corps de croisés français. Le comte de Toulouse, informé de la marche de ces croisés et du dessein qu'ils avaient formé de venir le surprendre dans ses retranchements, fit mettre le feu à ses machines et leva le siége; il se rendit dans l'Albigeois et le diocèse de Toulouse, où il remit sous son obéissance un grand nombre de châteaux.

La situation de Castelnaudary, entre Toulouse et Carcassonne, lui donnait beaucoup d'importance.

Montfort établit son quartier général dans cette place, qui devint le centre de ses opérations et la résidence presque habituelle d'Alix de Montmorency, sa femme, intrépide amazone qui, dédaignant les paisibles occupations de son sexe, prenait part, le casque en tête, aux rudes travaux de la guerre.

Quelques mois après le combat de Castelnaudary, Amaury, leur fils aîné, qui s'était distingué dans cette expédition, demanda à son père de l'armer chevalier. Montfort y consentit, et des lettres-circulaires annoncèrent au loin l'époque de cette cérémonie, qui eut lieu le 24 juin 1213, jour de la Saint-Jean. Elle attira à Castelnaudary un nombre considérable de membres du clergé et de la noblesse. Gui, frère d'Amaury, leva même le siége de Puicelsi afin d'y assister. La veille, vers le soir, Amaury se rendit dans l'église Saint-Pierre. Il y passa la nuit agenouillé devant l'image de la sainte Vierge avec deux ecclésiastiques et deux chevaliers d'un âge avancé ; ils lui donnèrent d'amples instructions touchant la dignité qui allait lui être conférée.

Le château n'offrant pas une salle assez spacieuse pour recevoir tous ceux qui s'assemblèrent à cette occasion, la cérémonie eut lieu hors la ville, dans la grande prairie qui s'étendait au pied des murailles du côté du midi. Là, on dressa une vaste tente, au fond de laquelle s'élevait un autel. L'évêque d'Orléans, assisté de l'évêque d'Auxerre, célébra pontificalement la messe. A l'offertoire, Simon de Montfort se leva de sa place avec la comtesse sa femme; ils prirent chacun d'une main le jeune Amaury, et l'emmenèrent à l'autel, où il présenta son épée au prélat célébrant, qui la bénit; puis il vint se mettre à genoux devant son père. Montfort lui ceignit l'épée, et lui donnant trois coups du plat de la sienne sur l'épaule lui dit : « De par Dieu, Notre-Dame et monseigneur saint Denis, je te fais chevalier. » Des joutes et d'autres jeux guerriers remplirent le reste de la journée, qui se termina par un splendide festin.

Un peu plus tard, Raymond VII ayant repris Castelnaudary, y fut assiégé à son tour par Amaury de Montfort, qui était aussi inférieur à son père que Raymond était supérieur au sien. Le siége dura huit mois, pendant lequel fut tué Gui, frère d'Amaury. Celui-ci vaincu par la vigoureuse résistance des assiégés, fut obligé de lever le siége. Bientôt, n'éprouvant que des revers, il se vit contraint de céder le pays à Louis VIII. Alors la fortune changea; en 1229, Raymond le Jeune subit un traité de paix qui le força de détruire les fortifications de Castelnaury et de remettre le château au roi, qui dut le garder pendant dix ans.

L'hérésie des albigeois donna naissance à l'établissement de l'Inquisition, que le pape attribua à saint Dominique et à son ordre. Les peuples du Midi furent alors soumis à ses rigueurs, car elle avait été imposée au comte de Toulouse comme condition de sa réconciliation avec l'Église. En 1237, deux inquisiteurs s'étant rendus à Castelnaudary, citèrent à leur tribunal un grand nombre de personnes suspectes d'hérésie; mais elles ne voulurent rien révéler; toutes s'obstinèrent à garder un silence absolu, et les Frères Prêcheurs furent obligés de se retirer.

CHAPITRE III

LE LAURAGAIS. — LE BAILLIAGE

La capitale du Lauragais fut pendant longtemps *Laurac-le-Grand,* château-fort situé sur un mamelon, à l'origine des contre-forts des coteaux de *la Piége,* et qui a donné son nom au pays. En 1143, Sicard était seigneur de Laurac; il prenait même le titre de vicomte[1]. Il paraît que cette ancienne seigneurie comprenait les châteaux d'Avignonet, de Castelnaudary, de Laurac et de Montréal; elle dépendait de la vicomté de Carcassonne, et le malheureux Raymond-Roger, mort en 1209, à l'âge de vingt-quatre ans, s'intitulait vicomte de Béziers,

1. Et debet habere talem Sicardum ut juret ipsi Rogerio castellum de Avignone et Castrum novum sicut factum fuit patri suo Bernardo Atoni vicecomiti. (*Histoire générale de Languedoc,* t. II, p. 434.)

Carcassonne, Albi, Razès et *seigneur de Lauragais*[1].

Après la prise de Carcassonne, les croisés résolurent de faire le siége de Lavaur, qui était aussi un des foyers les plus ardents de l'hérésie. Guillaume de Tudèle, en parlant de cette ville, s'exprime ainsi : « Lavaur était une si forte ville que jamais, en nul autre royaume, homme né n'en vit de plus forte en pleine terre, avec de plus hauts remparts ni fossés plus profonds. » Cette ville appartenait alors à une veuve nommée Guiraude, dont le frère, Aymeri, était seigneur de *Laurac-le-Grand* et de Montréal. Le comte de Montfort lui ayant enlevé ces places et les ayant en partie détruites, après avoir tué leurs habitants, Aymeri s'était retiré auprès de sa sœur avec quatre-vingts chevaliers, tous également braves et résolus à garder la place jusqu'à la dernière extrémité[2]. Le siége traîna en longueur par suite de la vigoureuse défense des assiégés ; mais la ville fut prise le 3 mai de l'an 1211 : le brave Aymeri fut pendu au milieu du camp, ses compagnons furent passés au fil de l'épée et la dame Guiraude fut jetée vivante au fond d'un puits qu'on combla de

1. Voir *Pièces justificatives*, n° 1.

2. Adonc s'en es vengut lo dit Legat an tota son armada devers Lavaur, et aysso per la prendre, laquella cieutat era per aquela hora et tems de una dona appelada na Guirauda laquella avia ung fraire, home valent apelat Aymeriguat senhor de Montreal et de *Laurac-lo-Gran*, mas lo dit legat et comte les y avian preses las ditas plassas et l'y avian tuats et murtrits sos homes sinon paucs que l'y eran demoratz per laqualas causas Aymeriguat sera retirat am sa sor al dit Lavaur am una bona granda compania quel avia aguda, etc. (*Histoire de Languedoc*, édit. Dumège, t. V, p. 121.)

grosses pierres; quatre cents hérétiques environ périrent dans les flammes.

Avant la guerre contre les albigeois, Laurac était une place considérable. Ce château, qui était devenu aussi un des foyers de l'hérésie, fut plusieurs fois pris et repris par Simon de Montfort et par le comte de Toulouse. En 1245, un gentilhomme de Laurac, nommé Louis de Latour, faisait en justice la déposition suivante : « Que les hérétiques étaient publiquement établis à Laurac; que son père étant attaqué d'une maladie dont il mourut, Arnaud de Villepinte avait pratiqué, en présence de plusieurs chevaliers, la cérémonie suprême nommée l'*hérétication*. »

Le château de Laurac ayant été démantelé à la fin de la guerre, ce lieu devint un simple village, et perdit toute son importance politique[1].

Suivant l'opinion des historiens, l'ancien Lauragais aurait été divisé en haut et en bas. Le premier comprenait le diocèse de Saint-Papoul, le second celui de Lavaur. Mais cette opinion ne nous paraît pas fondée. La ville de Lavaur n'a jamais fait partie du Lauragais. Cette ville dépendait de l'ancienne

1. « Catel, dans ses mémoires, parlant de Laurac, petit lieu du Lauraguez, dit qu'on voit encore en ce lieu les masures d'un château qu'il assure avoir été l'ancienne demeure des comtes de Lauraguez; mais il s'est trompé, car anciennement, il n'y avait point des comtes en Lauraguez. Ce pays était enclavé dans l'ancien Toulousain. » (*Histoire générale de Languedoc.*) — (Voir *Pièces justificatives*, n° 7), sur les cérémonies de l'hérétication.)

jugerie de Villelongue et de la sénéchaussée de Toulouse. Voici, du reste, ce qui a pu produire l'erreur des historiens. Ils ont confondu la petite ville de Vaure, qui a donné naissance à la ville de Revel et qui était, comme nous allons le voir, le chef-lieu d'un bailliage, avec la ville de Lavaur, qui devint le siége d'un évêché.

Sous les comtes, le pays toulousain (*pagus tolosanus*) avait été divisé par eux en districts formés d'un certain nombre de paroisses ; chacun de ces districts s'appelait en latin *bajulia*, bailliage. Les bailliages de l'ancienne judicature de Lauragais étaient les onze suivants :

Fanjeaux (Bajulia de Fano-Jovis) ;
Laurac (Bajulia de Lauraco) ;
Castelnaudary (Bajulia de Castro-Novo-de-Harrio) ;
Saint-Félix (Bajulia de Sancto-Felice) ;
Caraman (Bajulia de Caramano) ;
Auriac (Bajulia de Auriaco) ;
Puylaurens (Bajulia de Podio-Laurentio) ;
Vaure (Bajulia de Vauro) ;
Avignonet (Bajulia de Avignone) ;
Montgiscard (Bajulia de Montegiscardo) ;
Sainte-Gabelle (Bajulia de Sancta-Gavella) ;

Chaque district, outre l'obéissance et le service militaire, était tenu de payer des redevances variées.

Fanjeaux fut, pendant la croisade des albigeois, l'une des plus utiles places d'armes de Simon de

Montfort, à qui ce district demeura toujours fidèle. Ce fut à Fanjeaux que saint Dominique jeta les fondements de son ordre ; on y voit encore, à la voûte d'une chapelle de l'église, une assez longue poutre suspendue aux deux bouts par une chaîne de fer ; le milieu de la poutre est noirci de fumée. Une ancienne légende dit que pour terminer une dispute théologique, le saint fit la proposition à l'hérétique de jeter réciproquement leurs livres au feu. L'expérience ayant été acceptée, les livres de l'hérétique furent brûlés, et ceux de saint Dominique s'élevèrent miraculeusement à la partie qui porte l'empreinte du feu.

Le comte Raymond VI, pour se concilier la bienveillance de ses alliés, donna en fief, en 1226, à Roger-Bernard, comte de Foix, le château de Saint-Félix et ses dépendances. Ce document nous apprend que le bailliage de Saint-Félix s'étendait jusqu'aux portes de Castelnaudary ; il comprenait les paroisses de Saint-Paulet, des Casses, Montmaur, Airoux, Souilhe et la moitié de Souilhanels.

Le bailliage de Castelnaudary était un des plus grands et des plus importants du pays ; il renfermait surtout les paroisses de la Montagne Noire et, comme aujourd'hui, le canton Nord ; il avait près de vingt paroisses, dont voici les noms :

Dénombrement du bailliage de Castelnaudary, tel que le donne, en 1271, le SAISIMENTUM.

In Bajulia et districtu dicti Castri sunt *Castra et villæ* infra scriptæ cum pertinentiis suis scilicet. (Nous nous bornons à traduire à côté le nom latin de chaque localité.)	Dans le bailliage de Castelnaudary sont les châteaux et petites villes écrits ci-dessous avec les lieux qui en dépendent, savoir :
Castrum de Manso Sanctarum Puellarum	Le Mas-Saintes-Puelles.
Castrum Villanovæ Comitalis	Villeneuve-la-Comptal.
Castrum de Podio Siurano (en roman Puegsiura)	Pexiora.
Castrum de Bromio	Bram.
Castrum de Villa-Picta	Villepinte.
Castrum de Bordio	Lasbordes.
Castrum Sancti Martini de Landa	Saint-Martin-la-Lande.
Castrum de Villaspino, Villesplas, Villamanha	Villespy, Villesplas, Villemagne.
Ferrals, Cascaretum	Ferals.
Castrum Verduni	Verdun.
Castrum de Besceda	La Bécède.
Castrum de Exilio	Issel.
Villa de Sancti Papuli	Saint-Papoul.
Castrum de Peyrens	Peyrens.
Villenoveta propria	Villenouvette.
Mons le Bonus propria	
Villa de Trievila	Tréville.
Castrum de Pojanerio	Puginier.
Villa Podii Buscani	Puibusque.
Villa de Ricauta	Ricaud.
Valleta	

On voit par le dénombrement ci-dessus que le bailliage de Castelnaudary comprenait quatorze châteaux et seulement six ou sept *villas*. Le mot *castrum* désignait une place fortifiée ou un bourg défendu par une forteresse, et le mot *villa* une ville ouverte, non fortifiée. Vers le dixième siècle, les seigneurs du pays, pour leur propre sûreté ou pour pouvoir exercer leur tyrannie avec plus d'assurance, avaient construit ces châteaux presque toujours sur les hauteurs et avaient rendu leurs fiefs héréditaires. Les habitants des terres voisines étaient venus se loger auprès de ces forteresses pour se mettre sous la protection des seigneurs. Plus tard, surtout après la guerre contre les albigeois, ces châteaux furent démantelés, et c'est ainsi que se formèrent presque toutes les petites villes du pays.

Parmi ces châteaux, Bram, l'ancien *Hebromagus,* doit être mis au nombre des bourgs bâtis avant l'entrée des Romains dans la Gaule ; il fut fortifié au moyen âge et s'appelait alors *Brom;* son nom a depuis été modifié.

Guillaume de Catel, dans ses *Mémoires sur l'histoire de Languedoc,* dit, à propos de la vie de saint Saturnin[1], qu'il aurait lu dans un ancien lectionnaire, conservé dans l'église Saint-Étienne de Toulouse, que les saintes Puelles étaient filles du roi d'Huesca, en Espagne, qu'elles avaient été baptisées par saint Saturnin contre la volonté de leur père ; qu'elles le quittèrent et suivirent le saint jusqu'à Toulouse, assistèrent à son martyre et, après avoir recueilli son sang, ensevelirent son corps. De quoi offensés, les infidèles les firent saisir et fouetter dans le Capitole, ce qui fut cause qu'elles quittèrent Toulouse et allèrent à un bourg près de Castelnaudary, que l'on nommait alors Recaude, et qui, depuis, a été nommé de leur nom, le Mas-Saintes-Puelles, où, demeurant vierges, elles finirent leurs jours et furent enterrées près dudit bourg ou Mas, dans l'église Saint-Michel; mais, longtemps après, leurs corps furent transportés en l'église Saint-Pierre, laquelle porte aujourd'hui le nom de Saintes-Puelles[1].

La fondation de Villefranche-de-Lauragais ne remonte qu'au treizième siècle ; on la trouve portée sur la liste des villes appelées *Bastides,* qui furent construites en 1271 par Jeanne, comtesse de Toulouse, et par son mari, Alphonse, comte de Poitiers. Villefranche, toutefois, ne fit que remplacer probablement un ancien bourg ou village détruit pendant la guerre des albigeois[2]. En 1355, le Prince Noir la livra aux flammes, et, en 1561, elle devint un des principaux foyers de la conspiration que les calvinistes tramaient en Languedoc.

On a pu remarquer que sur les onze bailliages de la jugerie de Lauragais, Villefranche n'était pas même chef-lieu de district. Elle dépendait du bailliage d'Avignonet, où furent massacrés, en 1242,

1. Ad honorem beatissimi Petri apostolorum principis est ecclesia parochialis et prioratus de Manso, a tempore magnifici Caroli qui dedit locum ecclesiæ.

2. Un Mémoire relatif aux acquisitions du comte Alphonse de Poitiers, et où sont indiquées la position de ladite bastide, ainsi que sa valeur en livres tournois, donne à entendre qu'il rétablit seulement Villefranche : « Fecit enim seu ædificavit de novo bastidam Villæ-Franchæ juxta sanctum Romanum in diocœsi Tolosanà, valentem citrà L lib. turon. »

par les albigeois, cinq inquisiteurs, ce qui faillit renouveler la croisade. Plus tard, à l'époque des guerres de religion, Villefranche acquit une certaine importance et prit la place d'Avignonet. Cette petite ville, bâtie en briques, n'est guère formée que d'une longue rue que traverse la route nationale et à laquelle aboutissent de nombreuses ruelles.

Mais ici se présente une importante question : le bailliage, comme le consulat, était-il alors constitué? Faute de documents, l'administration des bailliages est très-peu connue. Nous savons que la sénéchaussée avait des États particuliers composés des trois ordres. Mais le bailliage avait-il aussi des assemblées régulières? Il est difficile de répondre à cette question; on a seulement constaté qu'après la guerre albigeoise la ville de Castelnaudary eut dans ses murs trois ordres de fonctionnaires : 1° le juge de Lauragais ou son lieutenant, qui instituait les consuls et qui était chargé de la perception des droits seigneuriaux; il avait une juridiction, afin d'exiger les tributs et les amendes; 2° le châtelain, qui cumulait le pouvoir militaire dans tout le bailliage avec quelques fonctions administratives; 3° enfin, les consuls, qui exerçaient la justice criminelle non-seulement dans la ville et sa banlieue, mais dans tout le bailliage. Telle était à cette époque la constitution bien imparfaite, sans doute, du district.

CHAPITRE IV

ORGANISATION ECCLÉSIASTIQUE. — L'ABBAYE ET L'ÉVÊCHÉ DE SAINT-PAPOUL

Pepin le Bref, plus heureux que Clovis, avait étendu jusqu'aux Pyrénées les frontières de son royaume. Ce prince favorisa de tout son pouvoir le clergé catholique, qui lui avait rendu des services importants, et, après son expédition en Septimanie contre les Sarrasins, il créa plusieurs monastères pour remercier Dieu du succès de ses armes.

Une charte, qui nous a été conservée[1], prouve que Pepin le Bref fonda, en 757, l'abbaye de Sorèze. Il fallait une dotation à ce monastère ; elle fut prise sur des terres qui faisaient partie de l'ancien domaine privé des rois visigoths, devenu la propriété des rois francs ; il lui donna donc un lieu appelé Villepinte et l'église qui avait été bâtie en l'honneur de saint Jean-Baptiste, et un autre lieu appelé Villemagne (*Villa Magna*, grande ferme[2]). Ces deux grands domaines devinrent l'origine des deux paroisses de Villepinte et de Villemagne, qui furent comprises plus tard dans le bailliage de Castelnaudary. Sous les Mérovingiens, Villemagne se trouvant sur

1. Voir la *Notice historique sur Sorèze* de feu le docteur Jean-Antoine Clos, mon père, pp. 10 et suiv.

3

l'extrême frontière, non loin de Lampy, eut un château gothique qui porta le nom de Saint-Martin; ce fut tout simplement une tour carrée, intérieurement voûtée et protégée par des mâchecoulis.

Ce n'est pas à l'endroit même où saint Papoul, disciple de saint Saturnin, fut martyrisé que s'éleva l'abbaye qui porta son nom. Ceci est une erreur générale. Le supplice eut lieu sur un coteau situé à 3 kilomètres à peu près de l'église du bourg, et qui s'appelle encore l'*Hermitage*. C'est là que les disciples du saint consacrèrent une chapelle à sa mémoire, et ce lieu est encore aujourd'hui l'objet d'un pèlerinage annuel de la population des alentours. Mais lorsque le christianisme fleurit en liberté, les pieux ermites quittèrent leur vie agreste et fort austère, ainsi que l'aride coteau, pour s'établir dans la féconde vallée de la Limbe. Là, les Roquefort, seigneurs du pays, les prirent sous leur protection, augmentèrent leur maison par leurs largesses, et fondèrent le monastère[1]. La population agricole des environs se groupa autour de l'abbaye, et ainsi naquit la petite ville de Saint-Papoul.

1. Tempore abbatis Guillelmi, viri inclitæ recordationis,
Fratres hic se dedicarunt ad statum mirabilis devotionis.
Inde sub venerandis abbatibus Raymondo, Geraldo et
Ohico, strictam regulam continuantibus,
Multa ex pietate loco sunt collata a fidelibus et potentibus.
Inclita prosapia de Rupeforti, in rupe supra sorisinum.
Sanctoque spiramine invidie ecclesiæ collata cœnobium ædificavit Domum ampliavit.

(Catalogus metricus. Extrait des *Mélanges sur l'Evêché de Saint-Papoul*, par M. Henné de Bernoville, p. 481.)

Dans un concile tenu à Aix-la-Chapelle sous Louis le Débonnaire, on fixa le sort des quatre-vingt-quatre monastères de l'empire : quatorze fournissaient des soldats, seize devaient des présents et cinquante-quatre de simples prières. De cette dernière classe était Sorèze, ainsi que Saint-Papoul.

Il est certain que l'abbaye de Saint-Papoul existait au temps de Louis le Débonnaire, durant la première moitié du neuvième siècle. Les moines suivaient la règle de Saint-Benoît. C'est là que mourut, le 26 mai 1092, Bérenger, qui, né d'une famille noble dans le Toulousain, se sanctifia par ses vertus ; il fut aumônier et économe du monastère (*operarius*), et mérita la vénération que l'on conserve pour sa mémoire. Les légendes lui attribuent des faits merveilleux ; il aurait même prédit le jour de sa mort.

Guillaume fut le premier abbé de cette communauté monastique, et parmi les onze abbés de Saint-Papoul dont les noms ont été conservés, il faut distinguer Raymond, Olric et Géraud II, qui, en 1253, accorda une charte et des privilèges aux habitants de Saint-Papoul.

La trop grande étendue du diocèse de Toulouse et d'autres causes politiques déterminèrent le pape Jean XXII à diviser ce diocèse en sept autres plus circonscrits. De ce nombre fut celui de Saint-Papoul, formé d'environ quatre-vingts paroisses. En 1317, l'abbaye, après quatre cents ans d'existence, fut érigée en évêché, et Bernard de Latour, qui en était abbé, en fut le premier évêque ; mais il ne jouit pas longtemps de ce titre, car il mourut le 27 décembre de la même année.

Guillaume de Cardaillac, troisième évêque, acquit une grande renommée. C'est lui qui fit bâtir le château de Villespy et la chapelle de la Sainte-Vierge. Accusé d'avoir reçu les Anglais dans son diocèse, il fut arrêté dans son château de Villespy et conduit à Toulouse par ordre du sénéchal, qui l'y retint en prison, et saisit même tous ses biens au commencement de l'année 1347. Mais le pape ayant excommunié ceux qui avaient agi contre l'évêque, le roi fit relâcher le prélat [1].

L'un des successeurs de Guillaume de Cardaillac mérite aussi d'être connu : Le 28 janvier 1427, Pierre III Soybert, professeur de droit, fut nommé évêque de Saint-Papoul. Ayant trouvé à son arrivée l'église et le palais épiscopal en ruine, il restaura l'un et l'autre, enrichit l'église de plusieurs joyaux et vases sacrés, et fit recueillir en un volume ce qui put être retrouvé de titres et actes du chapitre dont les archives avaient été détruites.

Enfin, parmi les trente-quatre évêques qui ont occupé le siége de Saint-Papoul, nous citerons encore François Ier de Donadieu, du diocèse de Mirepoix, moine bénédictin, qui fut enseveli à Saint-Papoul, en 1626, dans un mausolée élégamment décoré.

1. Voir *Pièces justificatives*, n° 6.

Le pape Jean XXII ne s'était pas borné à ériger l'abbaye de Saint-Papoul en évêché; il avait fait aussi de l'église Saint-Michel de Castelnaudary une collégiale. L'église devint paroisse, et l'ancienne paroisse Saint-Pierre ne fut plus qu'une succursale[1]. Cette collégiale eut un chapitre composé de douze chanoines, dont quatre dignitaires, le doyen, le curé, le théologal et le précenteur; de deux prébendes hebdomadaires, de dix-huit prébendes cantonales, de quatre prébendes diaconales et de six prébendes cléricales pour le service du chœur. Tant que dura le système des élections canoniques, les douze chanoines de Saint-Michel concoururent avec les douze de Saint-Papoul à l'élection de l'évêque, dans les vacances du siége.

Le pape Jean XXII, ne tenant aucun compte des divisions administratives de la province, comprit la paroisse de Laurac dans le diocèse de Mirepoix. La dernière paroisse du diocèse de Saint-Papoul fut, au sud, celle de Laurabuc.

L'archiprêtre de Laurac jouissait cependant avant la révolution d'anciens priviléges; il officiait dans les fêtes avec une sorte de bâton pastoral.

Le pape comprit aussi les deux bailliages de Puylaurens et de Vaure dans l'évêché de Lavaur.

En 1206, saint Dominique fonda, près de Fan-

1. Ad honorem sancti Michaelis est ecclesia collegiata in Castro-Novo. — Etquoque alia ecclesia sancti Petri sine cura in villa Castri-Nnovi-de-Arrio. (Archives de l'ancien évêché.)

jeaux, le célèbre couvent de Prouille. C'est là qu'il jeta les fondements de son ordre en y rassemblant ses premiers disciples. Il avait remarqué que le prosélytisme vaudois s'adressait surtout aux femmes, si habiles à faire la propagande au sein des familles, et il voulut attaquer l'hérésie dans ses moyens de propagande. Dans ce but, il ouvrit à Prouille une pieuse maison où les jeunes filles nobles et pauvres pouvaient se réfugier, à l'abri des périls de l'hérésie. Ce couvent de religieuses de l'ordre de Saint-Dominique, protégé par l'archevêque de Narbonne, l'évêque de Toulouse et Simon de Montfort, prospéra rapidement, devint riche et forma comme un grand village. Les religieuses étaient nombreuses, et six Dominicains établis dans leur enceinte les dirigeaient [1]. Une belle apothicairerie distribuait des remèdes aux pauvres, et le médecin du monastère était chargé de les visiter gratuitement. Une belle église, un orgue, un joli carillon faisaient de ce monument un objet remarquable. Ce monastère, compris dans le diocèse de Saint-Papoul, exista jusqu'à la Révolution. Au dix-septième siècle, la nomination de la supérieure passa

1. Item monasterium gloriosum Prouilhiarum ad honorem beatæ Mariæ per beatum patrem Dominicum, ordinis predicatorum ducem fondatum, prius sub regula sancti Augustini ubi sunt sine numero corpora sanctarum virginum in eadem sancta camera beatæ Mariæ Dei genitrici professarum degentium et inhumatarum. Ibi est duplex utriusque sexus conventus separatus et in virginitate illibata corruscans, per sanctæ memoriæ dominum comitem Tholosanum et Montisfortis Simonem et donum illustrem Mirapiste in multis donatum.

au roi de France, et plusieurs princesses du sang royal, Eléonore et Madeleine de Bourbon, Jeanne de Lorraine et autres, obtinrent le gouvernement de cette maison aristocratique, qui fonda, tant en France qu'en Espagne, dix ou douze colonies. Mme Dupac de Bellegarde fut la dernière prieure de Prouille, dont elle fut expulsée avec ses compagnes, le 1er octobre 1792, et le monastère fut entièrement démoli pendant la Révolution. Un essai de reconstruction a été fait en 1837, par Mme la vicomtesse Jurien de la Gravière, qui a consacré à cette œuvre une grande partie de sa fortune. A sa mort, les constructions inachevées ont été vendues aux enchères et adjugées, pour la modique somme de 60,000 francs, aux RR. PP. Dominicains de la province de Toulouse. Une pieuse colonie de Dominicaines du grand ordre de la maison de Nay, diocèse de Bayonne, doit venir prochainement prendre possession de ce couvent encore inachevé. C'est à Nay que furent se réfugier et mourir les dernières religieuses de l'ancien couvent de Prouille, et les Dominicaines de cette maison se proposent d'y faire revivre les traditions du célèbre monastère fondé par saint Dominique.

Outre le prieuré de Prouille, il y avait encore dans le diocèse de Saint-Papoul les établissements suivants : à Castelnaudary des couvents de Carmes, de Cordeliers, de Capucins et de religieuses chanoinesses de l'ordre de Saint-Augustin ; au Mas-Saintes-

Puelles, des religieux de la Merci; aux Casses, des Clarisses.

Henri III inventa les confréries des pénitents laïques. Le costume de ces pénitents était une sorte d'aube avec capuchon descendant en pointe sur la poitrine et percé de deux trous ronds, vis-à-vis les yeux. Castelnaudary, ayant embrassé le parti de la Ligue, la ville, dans ses idées d'ardeur catholique, eut trois établissements de pénitents. L'église Saint-Pierre, alors abandonnée, fut obtenue par les pénitents noirs; les blancs eurent une jolie chapelle tenant au cloître Saint-Michel, et les pénitents gris s'établirent dans une dépendance des Carmes. Lorsque les doctrinaires se chargèrent du collége de Castelnaudary, l'église Saint-Pierre leur fut donnée, ainsi qu'aux pénitents noirs. Tout porte à croire que le bâtiment du collége était alors le presbytère de l'ancienne église.

CHAPITRE V

COUTUME DE CASTELNAUDARY. — ORGANISATION MUNICIPALE

A l'époque de la croisade albigeoise, le sol méridional était couvert de municipalités consulaires. En 1249, les envoyés des villes, des châteaux, des bourgs du pays toulousain, prêtèrent serment de fidélité à leur nouveau comte, Alphonse, frère de saint Louis, marié avec Jeanne, l'unique fille de Raymond VII; le procès-verbal qui fut alors dressé porte ce qui suit : *Item Consules Castri-novi de Arrio, R. Capella et Paulus de Aurena et, milites ejusdem castri Bertrandus Malpuel, Maynerius et Olricus de S. Germano*[1].

En 1333, les consuls de Castelnaudary firent rédiger la coutume de cette ville, et la publièrent sanctionnée par l'autorité royale. Ils exposent dans le préambule que les divers articles de leur coutume et de leur liberté se trouvent placés et disséminés dans un grand nombre de registres, ce qui en rend la recherche difficile et fort pénible, que pour remédier à cet inconvénient, après avoir pris l'avis du sénéchal de Toulouse et de son conseil, ils ont fait mettre en ordre les diverses matières, mais sans y rien changer. Voici les principales dispositions de cette coutume écrite en roman, et dont nous donnons le texte aux pièces justificatives :

Les affaires du consulat sont administrées par six consuls, un de chaque quartier de la ville; mais ils ne peuvent rester en fonction qu'un an.

A la fin de leur exercice, ils doivent élire douze prud'hommes capables; chaque consul en nomme deux de son quartier; et cette liste de candidats,

1. Voir *Pièces justificatives*, n° 2.

placée sous pli cacheté avec le sceau du consulat, est remise au juge de Lauragais ou à son lieutenant, lequel, après une information sommaire avec d'autres prud'hommes, en choisit six, un de chaque quartier, les crée consuls, et reçoit leur serment.

Après leur installation, les consuls sont tenus d'élire vingt-quatre prud'hommes, ou un plus grand nombre, si cela leur convient, pour leurs conseillers. Ordinairement, chacun en choisissait quatre de son quartier. Ils nommaient aussi un ou deux assesseurs pour les aider dans le jugement des causes criminelles[1], et ils recevaient leur serment. La juridiction des consuls ne se bornait pas, en effet, aux contraventions de police; ils avaient la justice criminelle dans tout le bailliage, et ils connaissaient aussi de l'adultère ; la peine infligée aux coupables était une amende de cinq sous.

Les consuls, en entrant en fonctions, nommaient un receveur des tailles et des deniers communs. On tenait deux registres pour la comptabilité : l'un restait entre les mains des consuls, l'autre était écrit par le receveur, qui devait tous les quinze jours rendre compte aux magistrats de la recette et de la dépense. Les consuls nommaient aussi deux, trois ou un plus grand nombre de gardes champêtres,

1. Eis concessimus et confirmamus privilegia que actenus consueverunt habere in dicto loco videlicet quod sint judices criminibus in dicto loco et ejus ressorto. Si et prout actenus retroactis temporibus consueverunt, etc. (Archives municipales, n° 446, dans l'inventaire.)

chargés de veiller nuit et jour à la garde des champs, des vignes, des prés, des bois et de toutes les propriétés rurales.

Enfin, pour donner une idée des mœurs sévères de cette époque, nous croyons devoir traduire ici textuellement les quatre articles suivants de la coutume :

« Celui ou celle qui veut faire baptiser un enfant ne doit pas se permettre de le porter à l'église dans ses bras ; mais une femme doit l'y porter avec un berceau sur la tête, sous peine de cinq sous toulousains d'amende.

« Celui ou celle qui veut faire baptiser un enfant ne doit être accompagné à l'église que de quatre hommes et de quatre femmes, sous peine de cinq sous toulousains d'amende.

« Que le parrain ne se permette point de donner une étrenne quelconque à son filleul. Il peut seulement donner un denier d'argent à la marraine.

« Celui qui aura tenu sur les fonts baptismaux un filleul et ceux qui l'auront accompagné ne doivent pas entrer à leur retour dans la maison de l'accouchée, ni donner une étrenne au filleul, sous peine de cinq sous toulousains d'amende[1]. »

Peu de temps après la rédaction de cette coutume, la guerre sanglante et terrible de Cent-Ans éclata entre la France et l'Angleterre. En 1355, le prince

1. Voir *Pièces justificatives*, n° 3.

de Galles fit une irruption dans la province de Languedoc, où il porta la désolation. Ayant débarqué à Bordeaux à la tête d'une nombreuse armée, il se répandit comme un torrent impétueux dans la sénéchaussée de Toulouse, s'empara de Castelnaudary, qui n'était alors entouré que de murs en pisé, mit le feu aux habitations, et détruisit la ville presque entièrement. Après ce désastre, le comte d'Armagnac, qui commandait en chef dans le Languedoc, restitua les priviléges et les coutumes de Castelnaudary, car, dans le sac de la ville, les archives avaient été incendiées. Le roi, non-seulement confirma les lettres du comte d'Armagnac [1], mais il autorisa les consuls à lever le tiers des amendes prononcées à Castelnaudary par le juge de Lauragais, et à les appliquer aux réparations de la ville; il ordonna, en outre, que tous ceux qui avaient intérêt à la reconstruction des murs devaient y contribuer, selon leurs ressources, quoiqu'ils n'habitassent point la ville. Le roi, voulant même traiter très-favorablement les habitants, leur octroya de nouveaux moyens de s'enrichir; il les autorisa à s'assembler pour changer l'époque de leurs foires et pour régler tout ce qui pouvait les concerner.

Cet important document nous apprend qu'en 1364, la ville, relevée de ses ruines, était divisée en six quartiers, sous l'administration des consuls sui-

1. Voir *Pièces justificatives*, n° 5.

vants : Pierre de Villavieille, pour le faubourg situé en dedans de la porte ; Pierre Constantin, pour celui du dehors ; Bertrand Robert, pour la place ; Jacob Seguin, pour le quartier Narbonnais ; Guillaume Fabre, licencié en droit, pour le quartier des Bordes, et Bernard Narbonne, pour celui de la Baffe. Ces magistrats convoquèrent une assemblée générale des habitants, et lui soumirent diverses mesures concernant les foires ; elles furent approuvées par l'assemblée générale et par le juge de Lauragais[1]. La nouvelle ville devint plus belle et plus grande que ne l'était auparavant celle dont le prince de Galles avait rasé les murailles et brûlé les faubourgs. C'est ainsi, dit Sénèque, en parlant de l'incendie de Lyon, que souvent la plus belle fortune suit les plus grands désastres[2].

CHAPITRE VI

CRÉATION DU COMTÉ DE LAURAGAIS. — CASTELNAUDARY EN DEVIENT LA CAPITALE

Deux causes avaient produit l'anéantissement de Laurac : la première, c'est que cette grande forteresse avait été ruinée par la guerre et démantelée

1. Hoc de voluntate et consensu popularium loci de Castro novo seu Sanioris parte eorumdem (Archives de la mairie.)
2. Voir *Pièces justificatives*, n° 4.

sous Louis IX, à la suite de son traité avec Raymond VII ; la seconde, c'est que le château de Laurac fut compris, on ne sait pourquoi, dans le diocèse de Mirepoix. Et, tandis que Laurac perdait ainsi dans le Lauragais toute son importance politique, celle de Castelnaudary ne cessait de s'accroître.

Après la mort de Charles le Téméraire, Louis XI se saisit du comté de Boulogne ; mais comme Bertrand de Latour, comte d'Auvergne, avait des droits sur ce comté, il fut convenu qu'à la place de ce pays dont le roi était fort aise de posséder les villes et les places fortes, afin de pouvoir défendre le royaume contre les entreprises des Anglais ou de tous autres ennemis du Nord, il serait fait échange du Lauragais en sa faveur, et le Lauragais fut alors érigé en comté par lettres patentes de Louis XI, de l'an 1477.

A la mort de Bertrand de Latour, le comté passa sur la tête de Jean III, son fils. Jean eut deux filles, Anne de Latour et Madeleine de Latour : Anne fut mariée à Jean Stuart, duc d'Albanie ; Madeleine, épousa Laurent II de Médicis, duc d'Urbin. Anne étant morte sans enfants, Madeleine recueillit toute la succession de Jean III, son père.

Du mariage de Laurent de Médicis et de Madeleine naquit la célèbre Catherine de Médicis. Elle fut l'unique héritière de Madeleine, sa mère, et devint ainsi comtesse de Lauragais.

Catherine eut quatre enfants : François II, Charles IX, Henri III et Marguerite de Valois. Marguerite survécut à ses trois frères, qui furent rois de France l'un après l'autre.

Charles IX, durant son règne, crut pouvoir faire don du Lauragais à son fils naturel, Charles de Valois, qui se le vit enlever, en 1606, par Marguerite de Valois, en vertu d'un arrêt du Parlement de Paris. Plus tard, il fut donné par cette dernière à Louis XIII, encore dauphin, qui le réunit à la couronne en montant sur le trône (1610).

Ce ne fut pas, du reste, sans difficultés que Castelnaudary obtint le titre de capitale du comté de Lauragais. Les États de Languedoc avaient décidé, en 1549 et 1551, que les consuls de la *cité et ville capitale* précéderaient lès diocésains ; or, Saint-Papoul ayant reçu du pape le titre de *cité,* ce fut en vain que les consuls de Castelnaudary voulurent avoir la préséance sur ceux de Saint-Papoul. Les États tenus à Nimes le 17 octobre 1552 repoussèrent leurs prétentions, et maintinrent les antiques prérogatives des consuls de Saint-Papoul. Mais cet état de choses ne dura pas longtemps, comme on le verra au chapitre suivant.

CHAPITRE VII

ÉRECTION DE LA SÉNÉCHAUSSÉE DE LAURAGAIS ET D'UN PRÉSIDIAL A CASTELNAUDARY

Le Lauragais était une des six judicatures ou jugeries de la sénéchaussée de Toulouse[1]. Mais, en 1553, la reine Catherine de Médicis demanda au roi Henri II, son mari, l'autorisation d'ériger un siége de sénéchal pour le pays et le comté de Lauragais, qui connaîtrait des appellations des juges ordinaires et ressortirait au Parlement de Toulouse. Cette demande souleva une très-vive opposition, non-seulement de la part de tous les officiers de la sénéchaussée de Toulouse, qui repoussaient ce démembrement, mais encore de celle des États de Languedoc, des capitouls et du syndic du diocèse de Toulouse. Le roi n'y eut cependant aucun égard, et par un arrêt donné à Fontainebleau au mois de mars 1553, il accorda à la reine ce qu'elle désirait. En conséquence, Catherine de Médicis établit un siége de sénéchal dans la ville de Castelnaudary. Le roi y érigea, d'un autre côté, un siége présidial composé de huit conseillers, outre le juge-mage, le lieutenant et les

1. Ces six judicatures ou jugeries royales étaient celles d'Albigeois, Lauragais, Villelongue, Rieux, Rivière, Verdun.

autres officiers du sénéchal ; il donna en même temps des lettres de jussion au Parlement de Toulouse pour publier l'édit que cette Cour avait fait difficulté d'enregistrer. On voit que Catherine de Médicis et Henri II gratifièrent la ville de Castelnaudary de deux grandes institutions politiques qui prouvent l'importance qu'elle avait acquise, et qui en firent la capitale du comté de Lauragais. Ce comté embrassait, dans son vaste ressort, la partie du haut Languedoc dont se sont formés les arrondissements de Villefranche et de Castelnaudary, et, en outre, une portion de celui de Castres; il comprenait, non-seulement tout le diocèse de Saint-Papoul, mais une partie des diocèses de Toulouse et de Castres.

Catherine de Médicis, en sa qualité de comtesse de Lauragais, nomma Pierre Roger, baron de Ferrals, son sénéchal, et l'évêque de Nevers fut député par elle pour procéder à l'installation de ce haut fonctionnaire, qui se trouva placé à la tête de la noblesse et de la justice de la contrée. Après la mort de son époux et de François II, son fils aîné, Catherine s'empara de la régence du royaume pendant la minorité de son deuxième fils Charles IX, et les affaires politiques déterminèrent de fréquents voyages qu'elle fit alors à Castelnaudary.

Avant l'avénement de Charles IX au trône, le calvinisme était peu répandu dans les villes du Midi ; mais il y fit bientôt de rapides progrès. Le gouvernement prit le parti barbare de persécuter les réformés, et il les poussa à la révolte. L'esprit d'intolérance qui animait, du reste, les deux partis ennemis amenait souvent entre eux les scènes les plus violentes. Jean Faurin, religionnaire de Castres, dans son journal manuscrit, rapporte ce qui suit : « L'an 1562, et le premier du mois de janvier, dans Castres, l'on a créé les consuls et conseillers pour cette année, et tous sont de la religion réformée. — Le dimanche, 4 janvier, le procureur du roi, le viguier et le capitaine général allèrent au couvent de Sainte-Claire, en firent sortir vingt religieuses qui y étaient, les menèrent au temple Saint-Benoît, et les obligèrent d'entendre le prêche du ministre Fleuri. — Le samedi, 17 mars, les catholiques de Castelnaudary tuèrent un consul, des conseillers au présidial et le ministre. »

Faurin rapporte ce dernier fait d'une manière beaucoup trop laconique ; mais l'annaliste Germain Lafaille, qui était né à Castelnaudary, ajoute les détails suivants : « Le 18 mars 1562, les catholiques de Castelnaudary firent une procession qui passa hors la ville devant un moulin à pastel, où les huguenots faisaient leur prêche en se conformant à l'édit de janvier 1562, qui leur permettait de se réunir hors des villes. Les enfants qui précédaient la croix de la procession, suivant l'usage, jetèrent des pierres contre le lieu de cette assemblée. Les religionnaires sortirent aussitôt pour frapper les enfants. Ceux de la procession, de leur côté, s'étant armés de leviers, dont il passait par hasard deux charrettes chargées, fondirent sur les religionnaires, et en tuèrent une trentaine, entre autres le contrôleur Marion, trois conseillers au présidial et un ministre. »

En 1564, Charles IX venait d'être déclaré majeur, et Catherine de Médicis, sous prétexte de lui faire connaître le pays et les sujets qu'il allait gouverner lui-même, se mit à voyager avec lui dans les provinces du royaume. La cour se dirigea vers les Pyrénées; mais l'hiver étant cette année-là des plus rigoureux, elle fut retenue pendant dix jours à Carcassonne par l'abondance des neiges; puis elle se dirigea vers le Lauragais. Après avoir déjeuné à l'abbaye de Prouille, elle alla dîner, le 27 février 1565, au château de Ferrals.

Pierre Roger, baron de Ferrals, avait accompagné Charles VIII dans sa brillante expédition de Naples; il avait été ensuite envoyé par Henri II à Rome en qualité d'ambassadeur, et il était depuis longtemps le procureur général de Catherine de Médicis, dont il avait gagné toute la confiance. Roger avait rapporté de ses voyages le goût des arts et des divertissements dans le genre italien, dont Catherine voulait introduire la mode en France. En traversant le Lauragais, le roi devait naturellement une visite au sénéchal, c'est-à-dire au premier magistrat du comté.

Le baron de Ferrals fit à la cour, dans son

vaste manoir seigneurial, une réception magnifique. Le repas fut splendidement servi, et, après qu'on eut levé les tables, le plafond de la salle s'ouvrit au moyen de machines. A l'instant, les innombrables lumières pâlirent et ne brillèrent plus que d'un éclat incertain. Des éclairs, se succédant rapidement, dardèrent une lueur rougeâtre et blafarde sur les visages livides des convives saisis d'étonnement. Le tonnerre, qu'on n'entendait d'abord que dans le lointain, gronda bientôt au-dessus de leurs têtes. Il était porté sur un nuage épais et noirâtre qui s'étendait lentement et plongea la salle dans une obscurité presque absolue. Cependant, les éclairs redoublèrent ; une détonation assourdissante creva la nue qui, paraissant alors toute en feu, laissa tomber une grêle de dragées, suivie d'une pluie de senteur. Cette averse fut si abondante que le roi demanda son manteau en s'écriant : « Par Notre-Dame ! je ne m'attendais pas à un semblable orage dans cette rigoureuse saison. »

Après ce divertissement dans le goût italien, la cour partit pour Castelnaudary, où elle coucha. Le lendemain, il y eut de grandes fêtes dans cette ville ; puis la cour se dirigea vers Bayonne, où eurent lieu d'importantes conférences entre Catherine de Médicis et Isabelle, reine d'Espagne, assistée du duc d'Albe.

Castelnaudary dut à l'immense crédit dont jouissait à la cour Pierre Roger, baron de Ferrals, la conservation de sa sénéchaussée. Il ne se passa pas, en effet, d'année que le Parlement, le sénéchal et les capitouls de Toulouse ne réclamassent avec instance contre cette nouvelle charge, qui portait atteinte à leurs droits et à leurs prérogatives; mais leurs plaintes ne furent point écoutées.

L'entrevue de Bayonne alarma les calvinistes. Ils se soulevèrent, excités à la révolte par le prince de Condé, qui commença ainsi la guerre civile. S'il ne put soumettre la ville de Toulouse, un grand nombre de villes du Languedoc entrèrent dans son parti. Mais c'est bien à tort que dom Vaissete cite parmi ces villes celle de Castelnaudary. Castres et Puylaurens avaient embrassé le parti de la réforme; mais Castelnaudary se maintint toujours dans l'exercice de la religion catholique. Dans cette prise d'armes, les calvinistes se rendirent maîtres de Saint-Papoul, mais ils ne gardèrent cette ville ouverte que peu de jours, s'étant retirés après avoir pillé l'église et l'évêché. Ils prirent également le lieu de Miraval, situé à une lieue de Castelnaudary; mais ils ne tentèrent pas d'attaquer la ville, où ils n'avaient pu entretenir des intelligences. A leur approche, le capitaine d'Esplas s'y était renfermé avec sa forte compagnie, décidé à repousser toute agression. Toutefois, justement alarmés de l'approche des troupes calvinistes, les consuls firent démolir plusieurs maisons que les huguenots, sous de spécieux prétextes, avaient adossées extérieurement aux remparts. On les chassa de la ville, et, convaincus de rébellion, ils eurent leurs biens confisqués et vendus à l'encan ; la ville fut mise en état de défense.

Castelnaudary fut toujours dévoué à la religion catholique, et la tenue des États y eut lieu plusieurs fois. En 1578, ils s'assemblèrent dans cette ville et furent présidés par l'évêque de Saint-Papoul, Alexandre de Bardis ; Catherine de Médicis, venant de Nérac, voulut y assister elle-même. Ils y furent encore tenus en 1586, et, trois ans après, les États de Languedoc, réunis aussi à Castelnaudary sous la présidence de l'évêque de Saint-Papoul, y jurèrent l'observation des articles de la Ligue.

François Roger, baron de Ferrals, succéda à son père dans la charge de sénéchal et fut député aux États de Montpellier par la sénéchaussée de Lauragais. Nous le voyons assister, le 10 juillet 1586, sous les ordres du maréchal de Joyeuse, au siége du Mas-Saintes-Puelles, qui, à cette époque, était une place importante.

En 1556, la reine Catherine de Médicis, en sa qualité de comtesse de Lauragais, avait vendu la seigneurie de Cenne-Monesties, à faculté de réméré, au sieur Roques, marchand de ce lieu. Ce même Roques revendit cette seigneurie au baron de Ferrals, et la reine Marguerite, comtesse de Lauragais, vendit, en 1609, cette faculté de réméré, retenue par l'acte de 1556, à François Roger, baron de Ferrals, acquéreur de la seigneurie de Cenne.

Grâce à l'érection de la sénéchaussée et d'un présidial établi dans ses murs, la ville de Castelnaudary était devenue la véritable capitale du comté de Lauragais, province deux fois plus vaste, au moins, que le petit arrondissement dont elle est aujourd'hui le chef-lieu.

CHAPITRE VIII

COMBAT DE CASTELNAUDARY. — SUPPLICE DU DUC DE MONTMORENCY

En 1632 eut lieu, aux portes de Castelnaudary, un événement bien mémorable qui mérite d'être rapporté ici avec quelques détails.

Gaston d'Orléans, frère de Louis XIII, avait pris les armes sous prétexte de se mettre à couvert de la tyrannie de Richelieu. Il entraîna dans sa révolte Henri II, duc de Montmorency, gouverneur du Languedoc. Celui-ci, cédant aux instances de sa femme, Marie-Félice, princesse des Ursins, proche parente de la reine-mère, et voyant que ses services étaient mal récompensés, se jeta dans cette coupable aventure, entraînant avec lui les États de la province, car ils avaient aussi à se plaindre du cardinal, qui n'avait pas respecté leurs priviléges relatifs aux tailles.

Le duc fit soulever plusieurs villes du bas Languedoc ; celles du haut furent contenues par la vigilance du Parlement et par la présence de l'armée royale. Pendant que les deux armées marchaient pour se joindre, les partisans du duc s'emparèrent du château de Saint-Félix sans pouvoir se rendre maîtres de la ville. Les habitants envoyèrent alors en diligence demander des secours au maréchal de Schomberg, qui était à Castres. Il se hâta de se rendre sur les lieux et investit le château de Saint-Félix le 19 août 1692. Gaston et Montmorency, qui avaient pris leur route par le bas Languedoc, voulant faire lever le siége, s'avancèrent vers Castelnaudary avec une armée de treize mille hommes. Mais à leur arrivée à Villepinte, ils apprirent que le fort s'était rendu moyennant la somme de 10 mille livres, que Schomberg avait comptée à Maillac et à ses frères, qui y commandaient. Ils continuèrent pourtant leur marche pour aller se saisir de Castelnaudary, et firent passer la nuit à leurs soldats dans les villages de Lasbordes et de Saint-Martin-la-Lande. A cette nouvelle, Schomberg ayant rassemblé ses troupes, partit de Saint-Félix le 1er septembre et se porta sur le village de Souilhe, dont il s'était déjà assuré. De Souilhe, il se dirigea sur les Loubats, où il passa le premier le Fresquel avec son armée, sur le pont de ce hameau, qui existe encore, et se plaça ainsi entre l'ennemi et Castelnandary.

« L'armée du maréchal de Schomberg, dit M. de

Pontis dans ses Mémoires, qui n'était que de six à sept mille hommes, marcha vers la ville de Castelnaudary, qui tenait pour Sa Majesté. Celle de Monsieur et du duc, composée de treize mille hommes, vint à trois lieues de celle du roi. Mais il y avait entre les deux armées de grandes ravines et des fondrières qui nous assuraient beaucoup dans le désavantage que nous avions, à cause de notre petit nombre. Il se trouva, à un quart de lieue environ de là, au milieu de quelques vignobles, une maison vide et commode à poser un corps de garde, parce que ce lieu étant élevé on pouvait découvrir toutes les démarches de l'ennemi. Le maréchal de Schomberg y envoya un sergent et quelques officiers avec ordre de se retirer en cas qu'on les y attaquât. Cependant, le duc de Montmorency, qui s'était avancé avec cinq cents hommes pour reconnaître la posture de notre armée, crut qu'il pourrait bien y avoir là quelque corps de garde. Il l'alla charger aussitôt. On lui abandonne le poste, et il y met cent cinquante hommes. Notre armée ne branlait point; le maréchal de Schomberg voulait attendre l'attaque. Il se trouvait le plus faible, et la ville de Castelnaudary était pour lui une retraite assurée dans le besoin. »

Voici maintenant comment s'explique le maréchal lui-même dans une relation adressée au roi :

« Dès que j'aperçus le mouvement de l'ennemi, je pris les devants et fis avancer l'armée entre l'ennemi et Castelnaudary, pour charger quand je verrais une partie de leurs gens en-deçà du ruisseau. *Le champ de bataille que j'envoyai reconnaître me parut le plus beau du monde.* J'ordonnai donc que l'armée avançât promptement.

« Le duc de Montmorency ayant de son côté persuadé à Monsieur de s'avancer avec l'armée, la cavalerie franchit le Fresquel au lieu dit *les Pontils,* où se trouvait un pont de briques long et étroit. »

« Le duc marchait à la tête de l'avant-garde, ajoute M. de Pontis, et derrière lui les comtes de Moret et de Rieux. Monsieur tenait le corps de bataille. M. de Montmorency, comme chef de l'avant-garde, donne le premier dans le chemin de l'embuscade, et ayant été attaqué par nos gens de cheval, il les repoussa vigoureusement et les défit en partie. Mais en poursuivant un peu trop chaudement sa pointe, il tombe avec l'avant-garde dans notre ambuscade. On fit une si furieuse décharge qu'il n'y eut jamais un si grand carnage en si peu de temps. Le comte de Moret fut tué. Le duc de Montmorency lui-même, *après avoir fait tout ce qu'un grand général pouvait faire* en cette rencontre, et forcé même quelques rangs des nôtres, est enfin abattu sous son cheval. La nouvelle se répand à l'heure même qu'il est tué; Monsieur jette ses armes par terre, dit qu'il ne s'y joue plus, et fait sonner la retraite. »

Non, le duc de Montmorency ne remplit pas le devoir d'un général, en allant se jeter, lui cinquième, au milieu des mousquetaires, où il ne pouvait qu'être tué ou fait prisonnier, et exposant ainsi son armée à périr tout entière dans des fondrières et des chemins creux, où un petit nombre d'ennemis devaient suffire pour l'écraser. L'état des lieux, si favorable à la défense, et la nouvelle qui s'était répandue que le duc était mort, décidèrent Monsieur à ne pas aller plus avant. Schomberg avait agi, du reste, avec une grande habileté; trop bon politique pour s'exposer à tuer ou à faire prisonnier l'héritier du trône, il se garda bien de l'attaquer. Après s'être arrêté une heure sur le champ de bataille, voyant que les ennemis n'avançaient pas, il se retira vers Castelnaudary.

Un sergent d'une compagnie des gardes avait vu tomber de cheval le duc de Montmorency; il accourut à lui et le porta sur le chemin, où la douleur de ses blessures le fit arrêter. Saint-Preuil, capitaine au même régiment, arriva presque aussitôt et s'approcha de lui avec des sanglots; quelques soldats qui étaient présents pleuraient comme lui; ils semblaient plaindre l'infortune de leur général plutôt que celle de leur prisonnier. Après un repos d'environ un quart d'heure, on transporta le duc le plus commodément qu'il fut possible au corps d'armée, où il fut confessé; puis on le plaça sur une échelle, où l'on avait mis de la paille et un manteau plié en double, et on se rendit ainsi à Castelnaudary.

« L'émotion du peuple de cette ville fut si grande lorsqu'il y arriva, disent les auteurs de l'*Histoire de Languedoc,* qu'il fallut que les gens d'armes missent l'épée à la main pour écarter la foule qui fondait en larmes et témoignait publiquement son regret. Le duc de Montmorency fut logé dans la maison du lieutenant criminel Sérignol, où il fut entouré de tous les secours de la médecine, de tous ceux de la religion. Son chirurgien arriva, et voyant le triste état du blessé, il ne put s'empêcher de pleurer. Le duc le reconnaissant, haussa un peu la voix, et lui dit : « Leucante, ne m'afflige point, mais si tu espères de me pouvoir secourir, fais-le de bonne heure, sinon laisse-moi mourir en repos. » Le chirurgien trouva qu'il avait dix-sept blessures, mais on reconnut bientôt que ces blessures n'étaient point mortelles. L'intérêt le plus vif se manifestait pour lui dans tout son gouvernement, même parmi ceux qui avaient le plus blâmé sa rébellion.

Le combat n'avait pas duré une demi-heure. Monsieur se rendit à Béziers, d'où il écrivit au roi pour implorer sa clémence. Louis XIII pardonna à son frère, mais il fut sourd aux prières de tous ceux qui lui demandèrent la grâce de Montmorency.

Le maréchal, n'osant laisser le duc à Castelnaudary, à cause de la faiblesse de la place, le fit conduire au château de Lectoure. Il prit ensuite toutes les précautions imaginables pour le garder sûrement, craignant que l'amitié extrême que les peuples avaient pour lui, et le vif regret que ceux mêmes de l'armée royale avaient de son malheur, ne les engageât à faire quelque tentative pour lui procurer la liberté. »

De Lectoure, le duc fut bientôt mené à Toulouse, où le roi se rendit en personne pour surveiller le jugement. Les faits étaient notoires : Montmorency, condamné à mort par le Parlement, fut conduit en habit de toile blanche dans la chapelle du Capitole, et de là dans la cour, où le bourreau qui l'attendait sur un échafaud tendu de noir, abattit sa tête devant les capitouls, le greffier du Parlement, le grand prévôt et ses gardes. Le duc de Montmorency n'avait que trente-huit ans. En lui finit la branche aînée de la maison de Montmorency, si ancienne, si féconde en héros.

CHAPITRE IX

LE CANAL DU MIDI DONNE A CASTELNAUDARY L'ASPECT D'UNE VILLE DE COMMERCE

Vers la fin du règne de Louis XIII, Castelnaudary n'était plus qu'une place de guerre de dernier ordre. Ses murailles n'étant plus réparées tombaient en ruine, et le roi, pendant le séjour qu'il y fit, ordonna même la démolition d'une partie de l'ancien château; mais si cette ville cessa d'être une place de guerre, la construction du canal des Deux-

Mers vint lui donner, sous Louis XIV, l'aspect d'une ville de commerce.

Avant cette création, les navires de commerce français étaient obligés de décrire un immense circuit pour se rendre de l'embouchure de la Garonne au golfe de Lyon; c'était un trajet de sept cents lieues; aussi la création d'une voie navigable était-elle vivement désirée par toutes les populations du Midi, car elle devait avoir pour effet de réduire la traversée à deux ou trois semaines et de supprimer tous les périls de la navigation.

La Garonne coule vers l'Océan; l'Aude vers la Méditerranée, et ces deux rivières se rapprochent assez dans leur cours pour ne laisser entre elles qu'une distance de quatorze lieues. Cette observation fit naître bien souvent la pensée de construire un canal entre la Garonne et l'Aude, afin d'unir par une ligne navigable l'Océan à la Méditerranée.

Des plans furent, en effet, dressés; mais tous les projets vinrent successivement échouer devant l'impossibilité de franchir le plateau élevé qui sépare le versant des deux fleuves. Les pierres de Naurouse, point culminant du plateau, sont élevées de soixante-deux mètres neuf cents millimètres au-dessus de la Garonne à Toulouse, et de cent quatre-vingt-neuf mètres vingt-huit millimètres au-dessus de la Méditerranée. A peu de distance de ces rochers, se trouvait une sorte de puits appelé la *Fontaine de la Grave,* et derrière cette source un fossé déversait, dans les temps de pluie, une partie des eaux vers Toulouse, l'autre vers Narbonne. Ce fait désignait naturellement ce lieu comme le point de partage. Mais la contrée où sont situées les pierres de Naurouse étant dépourvue de rivières, il devenait nécessaire d'y conduire les eaux qui devaient former le canal de jonction. Pierre-Paul Riquet, baron de Bonrepos et directeur des fermes du Languedoc, eut la gloire d'accomplir un projet formé depuis tant de siècles. Cet homme n'était ni géomètre ni ingénieur, mais comme il le dit lui-même fort ignorant, « n'entendant ni grec, ni latin et à peine sachant parler français...; » méditant sur ce grand dessein qui absorbait toutes ses pensées et qui éveilla en lui des facultés que lui-même ne soupçonnait pas, il s'enfonçait dans les profondeurs de la Montagne Noire, remontait vers la source des ruisseaux, étudiait attentivement leur cours, et là, comment n'aurait-il pas été frappé, comme d'un trait de lumière, par le fait suivant qui reproduisait en grand au sommet des montagnes l'heureuse indication de la fontaine de la Grave : Les sources du Sor et de l'Alzan se touchent en quelque sorte derrière le village d'Arfons; ces deux petites rivières partent presque du même niveau, du même point, et cependant le Sor se rend dans l'Océan et l'Alzau dans la Méditerranée. Si le Sor, grossi de l'Alzau, du Lampy et de quelques autres cours d'eau, pouvait être conduit à la fontaine de la Grave, le problème était résolu; armé alors d'un niveau et d'un compas, Riquet se livra à des travaux de nivellement et acquit la certitude que les eaux de la Montagne Noire pouvaient être amenées à Naurouse. Colbert et Louis XIV goûtèrent le projet de Riquet. Un arrêt du 13 octobre 1666 ordonna la construction du canal, et en concéda à Pierre-Paul Riquet la propriété incommutable et non rachetable. Sa noblesse, qu'il avait perdue comme homme de gabelle, lui fut restituée; il eut droit de chasse et de pêche sur toute l'étendue de son nouveau domaine. En janvier 1667, la construction était en pleine activité; il y employa d'abord journellement huit mille et quelquefois douze mille ouvriers; l'argent lui manqua souvent; il fut continuellement en avance vis-à-vis du roi et des États de Languedoc, et ne mena son entreprise à bien qu'en se grevant de dettes si considérables que sa famille ne put en être complétement libérée qu'en 1724.

Comme Moïse, à qui on l'a souvent comparé, Riquet mourut avant d'avoir vu l'entière jonction des deux mers. Ses deux fils terminèrent l'œuvre qui devait immortaliser leur nom, et le canal fut prêt pour la navigation au commencement de l'année 1681. L'inauguration solennelle de ce magnifique ouvrage eut lieu le 15 mai. Après la bénédiction des eaux par l'abbé de Saint-Sernin, la barque partit de Toulouse au bruit du canon et au milieu des applaudissements et des vivats d'une foule immense. Elle portait les trois commissaires du roi, les sieurs d'Aguesseau, intendant de la province; de La Feuille et le P. Mourgues, savant jésuite, le comte de Caraman, fils de Riquet et capitaine des gardes; des membres du clergé et des capitouls. Elle était suivie de deux autres barques remplies de musiciens.

On s'arrêta en plusieurs endroits, et ce ne fut que le 17 mai que la barque arriva à Castelnaudary, où le cardinal de Bonzi, archevêque de Narbonne, qui avait voulu être témoin d'une affaire si importante pour le Languedoc, attendait M. d'Aguesseau. A la vue de la barque, les habitants de la ville s'empressèrent d'accourir et se répandirent en foule sur les bords du canal en poussant des cris de joie.

Le 19 mai 1681 on se rendit processionnellement à l'église Saint-Roch, où l'évêque de Saint-Papoul, précédé de son clergé et revêtu de ses habits pontificaux, célébra la messe. Le cardinal de Bonzi, l'évêque d'Alet, l'intendant de la province, le président, les consuls y assistèrent avec les principaux gentilshommes et bourgeois du voisinage. La procession se dirigea ensuite vers les bords du canal, au-dessous des quatre écluses, où stationnaient déjà les barques destinées à faire le service de la navigation. Le cardinal de Bonzi entonna le *Te Deum*, et l'évêque de Saint-Papoul bénit solennellement les eaux du canal. Le bruit du canon et de la mousqueterie se mêlait de temps en temps aux symphonies qu'exécutaient de nombreux musiciens.

La cérémonie terminée, le cardinal de Bonzi, l'évêque, l'intendant et les seigneurs entrèrent dans la barque qu'on avait préparée pour eux; vingt autres barques chargées de marchandises de France, d'Angleterre et de Hollande suivirent le cardinal et l'intendant, se rendant à la foire de Beaucaire.

Les commissaires royaux parcoururent le canal jusqu'à Cette et procédèrent, au milieu des acclamations populaires, à la réception des travaux. Ce n'était pas, du reste, une vérification, mais un voyage triomphal pour l'ombre de Riquet.

Le canal forme au-dessous de la ville de Castelnaudary un bassin assez considérable qui fournit à la dépense des quatre écluses de Saint-Roch et au jeu d'un moulin de deux meules qui lui est contigu. Le trop-plein du bassin est versé dans le ruisseau du Tréboul au moyen d'un épanchoir à fond, situé dans le côté méridional. Comme les barques, en traversant le bassin pour se rendre au port, étaient exposées à la violence des vents d'est, on a formé une île revêtue en maçonnerie et plantée de saules et de peupliers qui rompent l'action des vents.

Castelnaudary se trouve au milieu d'une grande plaine, qui a 14 kilomètres environ de largeur et 30 de longueur; elle comprend les deux bassins du Fresquel et du Tréboul, séparés par une large arête qui part de la Bastide-d'Anjou et vient expirer tout près de Villepinte, au point de jonction des deux rivières. Cette plaine offre une grande variété de terrains ; l'argile calcaire domine dans les environs de la ville ; le sol y est riche, bien cultivé, et les céréales y donnent d'assez abondants produits. Le canal du Midi vint donner à Castelnaudary une nouvelle vie en contribuant à féconder le pays. Avant son établissement, la ville n'avait presque point de commerce ; il consistait principalement en grains qu'on recueillait dans la plaine et qui n'avaient point de débouchés. Le canal, en ouvrant des communications peu dispendieuses et indépendantes des contrariétés des saisons, procura une grande activité à ce commerce. Les grains s'écoulèrent facilement vers la Provence, le bas Languedoc, et les prix devinrent rémunérateurs pour la culture.

En 1686, lorsque Vauban vint dans le Languedoc pour examiner et juger à son tour l'œuvre de Riquet, il parcourut lentement les bords du canal et mêla quelques regrets à l'expression d'une vive admiration. Arrivé à la hauteur de Naurouse, il s'arrêta pensif : « Il manque pourtant quelque chose ici, dit-il, c'est la statue de Riquet. »

L'oubli que Vauban signalait a été depuis réparé : la statue de Riquet s'élève maintenant sur les places publiques de Béziers, sa ville natale, et de Toulouse, l'antique capitale du Languedoc. Mais ses descendants ont aussi dressé sur les pierres de Naurouse, où il médita si souvent, un monument à la mémoire de leur illustre aïeul. Un mur circulaire entoure le pied de ce monticule et sert de soubassement au monument et, en même temps, de clôture à son enceinte. Puis ces rochers portent un obélisque de soixante pieds de hauteur, sur le piédestal duquel se trouvent des bas-reliefs allégoriques et des inscriptions, parmi lesquelles on remarque la suivante :

« L'an mil huit cent vingt-cinq, le second du règne de Charles X, cet obélisque a été élevé à Pierre-Paul Riquet, baron de Bonrepos, par ses descendants dont les noms suivent :

Branche de Riquet de Caraman, 12 noms.

Branche de Riquet de Bonrepos, 11 noms. »

Le général Andréossy a revendiqué pour son aïeul l'honneur de la pensée créatrice du canal. Mais on doit reconnaître que les arguments empruntés par le général à un mémoire de François Andréossy ont été victorieusement réfutés par les descendants de Riquet. François Andréossy, habile mathématicien, ne fut que le savant ingénieur dont se servit le baron de Bonrepos. On éprouva, en effet, de grandes difficultés dans l'exécution de ce magnifique ouvrage : l'inégalité du terrain, les montagnes, les rivières, les torrents qui se rencontraient sur la route, semblaient rendre la réalisation de ce projet impossible, mais Riquet, aidé des lumières d'Andréossy, surmonta tous ces obstacles. Celui-ci dressa les mémoires, les plans du canal et en surveilla les travaux.

CHAPITRE X

CHANGEMENT DES PROVINCES EN DÉPARTEMENTS. — RÉDUCTION DES CANTONS DE L'ARRONDISSEMENT DE CASTELNAUDARY

L'Assemblée constituante changea les provinces en départements, et distribua ainsi le royaume d'une manière plus régulière. La France fut divisée en quatre-vingt-trois départements à peu près égaux en étendue et en population. Le département fut divisé en districts, le district en cantons, et le canton en municipalités.

Un décret du 12 janvier 1790 créa le département de l'Aude, et le divisa en six districts, dont les chefs-lieux furent : Carcassonne, siége de l'assemblée du département; Castelnaudary, Lagrasse, Limoux, Narbonne, Quillan. Mais la Constitution directoriale du 5 fructidor an III supprima les districts, et chaque département ne fut plus divisé qu'en cantons. Chaque canton était le siége d'une justice de paix.

A son avénement au consulat, Bonaparte créa, par la loi du 18 février 1800 (28 pluviôse an VIII) la division par arrondissements, et les arrondissements furent divisés en cantons.

L'arrondissement de Castelnaudary eut les douze cantons suivants :

Labécède, Saint-Papoul, Fanjeaux, Belpech, Salles, Castelnaudary, Fendeille, Gaja-la-Selve, la Bastide-d'Anjou, Villasavary, Villepinte.

Mais une loi du 8 pluviôse an IX, considérant que les cantons étaient trop multipliés, vint en réduire le nombre; un arrêté du 13 brumaire an X porta réduction des justices de paix du département de l'Aude, et les fixa à trente. Dans ce grand changement, les douze cantons de l'arrondissement de Castelnaudary furent réduits à cinq, et les neuf de celui de Narbonne à six. L'état de la population ne justifiait en aucune manière une si forte réduction [1].

Ainsi, Castelnaudary qui, avant la révolution de 1789, était le siége d'une sénéchaussée et d'un présidial dont le vaste ressort comprenait onze bailliages, ne fut plus que le chef-lieu d'un petit arrondissement composé de cinq cantons. Mais, comme par une sorte de dédommagement, on attribua deux de ces cantons à la ville, qui eut ainsi un tribunal de première instance, composé de trois juges, et deux justices de paix.

1.

Arrondissements.	Cantons.	Communes.	Populations.
Castelnaudary,	5	74	47,938
Narbonne,	6	70	44,170

A cette époque, l'arrondissement de Castelnaudary avait 3,768 âmes de plus que celui de Narbonne.

Dans cette vicieuse organisation, les campagnes de l'arrondissement furent sacrifiées; elles n'eurent que trois cantons. La loi avait vainement déterminé quelle devait être l'étendue d'un canton. « Il ne pourra, disait-elle, y avoir plus d'un myriamètre (deux lieues moyennes, de deux mille cinq cent soixante-six toises chacune) de la commune la plus éloignée au chef-lieu du canton. » On n'eut aucun égard à cette prescription, et des communes se trouvèrent placées à quinze, seize et dix-huit kilomètres de distance du chef-lieu de canton.

Les communes réclamèrent avec insistance contre cette circonscription, et le conseil d'arrondissement ne cessa de demander, chaque année, la création d'un sixième canton. Dans sa session de 1861, le Conseil général disait : « Dans le but d'éviter aux justiciables des pertes de temps et d'argent ainsi que de déplacement, souvent impossibles à ces populations éloignées de treize, seize et dix-huit kilomètres de leurs magistrats, le Conseil émet un avis favorable à la création, dans l'arrondissement de Castelnaudary, d'un sixième canton, dont le chef-lieu serait à Saint-Papoul. »

Malgré une adhésion si formelle du Conseil général, cette mesure, si vivement réclamée par toute la population, ne fut pas accueillie par le gouvernement. Néanmoins, le Conseil général n'a pas hésité à recommander de nouveau l'examen de cette question à la sollicitude de l'autorité supérieure.

CHAPITRE XI

LA VILLE; SON ASPECT, SES MONUMENTS; LES ÉGLISES ET CHAPELLES; LE CHATEAU, L'HOPITAL.

Lorsque le voyageur venant de Revel ou de Saint-Papoul se dirige vers Castelnaudary, il aperçoit de loin la ville assise sur la colline, entourée de moulins à vent. Il y en a vingt et un, sans compter trois moulins à eau établis sur le canal. Deux édifices y dominent tous les autres : l'un est l'église Saint-Michel, dont le clocher élancé se voit de tous les points de la plaine, car la place Saint-Michel est à 189 mètres au-dessus du niveau de la mer, juste à l'altitude de Naurouse; l'autre est un édifice noirâtre qui sert aujourd'hui de prison.

L'église Saint-Michel est un grand vaisseau d'une belle proportion, d'un plan simple et noble. Elle n'a qu'une nef, mais cette nef a soixante mètres de long sur dix-sept mètres vingt centimètres de large. Le chœur est plus ancien et plus court que la nef; il n'y a pas de transept. La voûte est jetée d'un mur à l'autre, à plus de vingt-cinq mètres de hauteur, avec une hardiesse admirable. On peut supposer que cette église fut construite au treizième siècle, lorsque le roi de France fut resté maître du Lauragais et du comté de Toulouse; une nouvelle forme d'architecture prévalut alors, et cette église fut construite dans le style ogival. Mais, au commencement de ce siècle, on eut la triste idée de la transformer en style roman, et des réparations sans goût furent faites dans ce but. On s'applique aujourd'hui à lui redonner sa forme primitive. Une suite de chapelles avec de beaux vitraux règnent autour de la nef. Les deux portails latéraux ont surtout un caractère de sévérité remarquable ; ils sont ornés d'arcades ogivales sub-trilobées et surmontées de frontons qui ne permettent pas de douter du style primitif de cette ancienne collégiale. Cette église possède un des plus beaux ouvrages du célèbre peintre Antoine Rivalz, le tableau de *la Flagellation*.

Les deux autres églises, Saint-Jean-Baptiste et Saint-François, n'offrent rien de remarquable; mais une seule église paroissiale ne pouvant suffire aux besoins de la population, la première de ces deux succursales a été érigée, il y a quelques années, en cure. En outre, les croisades ayant introduit en France, au moyen âge, une maladie opiniâtre et hideuse de la peau, connue sous le nom de *lèpre*, que l'on considérait comme contagieuse, on établit, dans presque toutes les villes, pour la combattre, des léproseries ou hôpitaux pour les lépreux. Les chapelles de Saint-Roch et de la Pitié paraissent se rattacher à des léproseries qui furent établies à cette époque dans les faubourgs de Castelnaudary.

Le second édifice que nous avons mentionné est

un reste de l'ancien château féodal, sur les débris duquel on a établi la maison d'arrêt, de même que les tours du château de Foix servaient naguère de prison pour le département de l'Ariége. Ce château a été si souvent remanié qu'il est, à vrai dire, presque entièrement moderne. A l'extérieur, les tours ont disparu ; il ne reste plus que des murs très élevés construits sur le rocher. A l'intérieur, on chercherait en vain des traces de la féodalité. Une inscription funéraire, qui se trouve au Musée de Narbonne, nous apprend seulement que noble Jean de Bennavent, capitaine du château de Castelnaudary et citoyen de Narbonne, décéda le dernier jour d'octobre de l'an 1582. La maison d'arrêt de Castelnaudary, reconnue insuffisante pour y établir les divisions relatives aux diverses catégories de condamnés ou de prévenus, devait être annexée aux bâtiments des Frères de la Doctrine chrétienne qui étaient contigus, et l'administration avait décidé de construire une nouvelle prison ; mais ce projet a été abandonné. Une magnifique maison d'école vient d'être bâtie, et le personnel de la prison étant fort restreint, le bâtiment actuel a paru suffisant pour le nombre de détenus qu'il renferme.

L'hospice est un des plus beaux établissements de la ville. Il existe, depuis plus de quatre siècles, comme maison de charité, et il fut érigé en hôpital général en 1738. Très-mal doté à cette époque, il ne pouvait entretenir qu'un petit nombre de malades.

La gestion économique de ses revenus était alors confiée à quatre administrateurs pris parmi les citoyens les plus qualifiés de la ville; l'évêque de Saint-Papoul en était le surveillant immédiat et nécessaire.

En 1774, l'hospice fut enrichi tout à coup de 500,000 fr. provenant de la succession de M. Daniel-Bertrand de Langle, trente-deuxième évêque de Saint-Papoul. Cette succession considérable, jointe aux revenus ordinaires de l'établissement, permit d'agrandir les bâtiments et de les approprier à leur destination, de sorte que l'hospice, sous l'habile direction des Sœurs de Nevers, a pu suffire au soulagement des pauvres de l'arrondissement.

Si le vœu de l'auteur de ces lignes pouvait être un jour exaucé, la statue de l'évêque de Langle, ce bienfaiteur des pauvres de Castelnaudary, s'élèverait au milieu de la cour de ce magnifique hôpital, qui lui doit, en quelque sorte, tout ce qu'il est.

CHAPITRE XII

LES FONTAINES; LES PROMENADES. — L'AGRICULTURE L'INDUSTRIE ET LE COMMERCE

La ville de Castelnaudary, bâtie sur une éminence, au milieu d'une vaste plaine, n'était pas dans une position avantageuse pour se procurer de l'eau potable. Une source, située vers la butte Sainte-Catherine, fournissait primitivement un maigre filet d'eau qui arrivait dans la ville par des tuyaux de bois. A mesure que la population augmenta, l'insuffisance de cette fontaine se fit de plus en plus sentir, et après plusieurs tentatives infructueuses, un projet très-important vint enfin exercer le zèle des administrateurs. La ville acheta la belle source de *Co-d'en-Sans*, située dans la commune de Labécède, éloignée de Castelnaudary de 10,862 mètres 60 centimètres, et dont le niveau est à 172 mètres au-dessus de la butte des moulins, point culminant de la ville.

Son éloignement et les obstacles naturels qu'il fallait vaincre présentaient de nombreuses et graves difficultés, qui ont été heureusement surmontées. L'eau est amenée en ville au moyen de conduites de systèmes divers. Après avoir traversé toute la plaine de Castelnaudary, le siphon vient aboutir, en remontant, à un vaste bassin construit sur la butte des moulins, c'est à-dire à 60 mètres environ au-dessus de la plaine. Ce bassin est carré ; il a 20 mètres de côté sur 2 mètres de hauteur d'eau ; il a, par conséquent, une capacité de 800 mètres cubes. Il est couvert, et sa voûte, supportée par 63 arcades, a été rendue imperméable par une couche de béton de ciment. Ce bassin contient un approvisionnement d'eau capable de suffire aux besoins de la ville pendant huit jours.

Les eaux arrivées dans l'intérieur de la ville sont

distribuées entre quarante bornes-fontaines. La conduite a, de plus, un appareil destiné à adapter des tuyaux d'incendie qui, à raison de la pression que supporte l'eau, peuvent élever ce liquide à 9 mètres dans les hauts quartiers de la ville, et à 20 ou 22 mètres dans les parties les plus basses. M. Ferdinand Rous, maire de Castelnaudary, a eu l'honneur de mener à bonne fin cette magnifique entreprise, qui procure à la ville des eaux pures, fraîches et salubres dans toutes les saisons de l'année.

Castelnaudary a trois belles promenades : celle de la Terrasse, située en face du palais de justice, qui a été transformée, il y a quelques années, en square, d'où la vue s'étend sur la campagne ; la promenade du Quai, qui longe l'hôtel de la sous-préfecture, et va jusqu'au canal et à la gare ; enfin, celle du Bassin et du Port, garnie de quais ombragés par de magnifiques platanes.

La superficie totale de la commune de Castelnaudary est de 4,772 hectares, dont 4,510 sont cultivés. Dans la plaine proprement dite, où le sol est riche, les céréales occupent la plus large place et donnent d'assez abondants produits. Le blé, qui est la première et la plus importante culture, rend de 12 à 16 hectolitres en moyenne par hectare. Le maïs vient après, et occupe 1,272 hectares ; il est la base de la nourriture des paysans ; mais le vice de l'assolement triennal, suivi dans toute la plaine de Castelnaudary, est facile à saisir. Comment expliquer, en effet, la jachère après le maïs? Si cette plante sarclée était traitée avec soin, on ne devrait pas être forcé de recourir à la jachère pour disposer le sol à recevoir la céréale d'automne, car celle-ci se trouve ainsi grevée des frais de deux années préparatoires, et le bénéfice net de la culture est considérablement réduit.

Sur les coteaux, la vigne occupe de grandes surfaces ; il en est de même dans les parties graveleuses de la plaine. Mais, depuis quelques années surtout, les céréales donnant des résultats peu satisfaisants, à cause des mauvaises récoltes et de la vileté des prix, les plantations des vignes ont pris une extension considérable dans tout l'arrondissement, et on les cultive même sur les bonnes terres.

La ville de Castelnaudary possède deux minoteries, huit fabriques de chaux, dont trois de chaux hydraulique, et deux fabriques de plâtre. Elle compte aussi trois fabriques de chandelles et de bougies.

Mais une industrie toute locale, c'est la céramique. Cette industrie comprend la fabrication des briques, des tuyaux pour drainage, des conduites d'eau, des ornements d'architecture, celle des vases, cruches, pots, jarres, etc. C'est par centaines de mille qu'on fabrique ces divers objets, et plus de 350 ouvriers sont constamment occupés à ce travail, dans seize usines différentes, dont la plus importante est celle de Douarche.

Quant au commerce, il n'est guère plus actif et

plus prospère que l'industrie. Il se fait néanmoins de nombreuses exportations de poterie et de chiffons sur Toulouse et les villes situées près du canal; mais l'état de détresse de la batellerie, depuis que la Compagnie du chemin de fer a pris à ferme le canal du Midi, nuit cependant beaucoup à ce commerce, autrefois si florissant.

La population de Castelnaudary est de 9,328 habitants. La ville a un marché tous les lundis et six foires annuelles. La vente des grains et de la volaille y dominent.

CHAPITRE XIII

LE COLLÉGE COMMUNAL. — LE COLLÉGE CATHOLIQUE DIOCÉSAIN. — LA BIBLIOTHÈQUE

Presque toutes les notabilités de l'arrondissement doivent leur éducation et leur instruction au collége de Castelnaudary. M. Guilhe, qui avait été élevé dans cet établissement, nous apprend que, sous les doctrinaires, avant la Révolution, ce collége était très-florissant. Mais, depuis lors, cet établissement n'a guère prospéré. De louables efforts sont faits cependant aujourd'hui pour réagir contre la défaveur qui pèse sur lui et pour tâcher de le régénérer. Les bâtiments ont été restaurés, le conseil municipal a augmenté les subventions, et les études littéraires ont été complétées et relevées.

A côté du collége communal, est venu se placer le collége catholique diocésain; et son directeur, M. l'abbé Le Camus, dans son discours prononcé à la distribution des prix de 1878, s'exprimait ainsi sur cette nouvelle institution : « Les colléges catholiques sont une idée qui s'impose; ils répondent à un besoin de notre époque, voilà pourquoi leur avenir est assuré. Là où ils existent, ils doivent réussir; là où ils ne sont pas, il faudra les créer. La société et la religion qui les réclament, suffiront à les faire fleurir. » Placé sous la protection puissante de Mgr l'évêque de Carcassonne, le collége catholique de Castelnaudary, malgré sa fondation récente, obtient de rapides succès. Il a déjà présenté avec succès de nombreux candidats au baccalauréat et aux Écoles du gouvernement. De vastes bâtiments sont en construction et donnent à cet édifice un aspect monumental.

L'enseignement scientifique paraît aussi devoir y être, dit-on, assez fortement organisé pour que les élèves qui étudient les mathématiques spéciales puissent arriver à l'École polytechnique. Le public ne pourra que gagner, par suite de l'émulation qui va naturellement régner entre les deux colléges de la ville.

Castelnaudary ne possède qu'un seul établissement scientifique, et à peine est-il digne de mention;

c'est la bibliothèque publique, fondée depuis quelques années. La ville a acheté aux filles de M. de Labouïsse-Rochefort la bibliothèque de ce spirituel écrivain; elle y a joint celle de l'évêque Bertrand de Langle, léguée à l'hôpital. Mais cette bibliothèque, ainsi composée, est riche en ouvrages ecclésiastiques et de littérature légère, mais très-pauvre en livres d'agriculture et d'économie politique. Placée dans le cabinet du maire, elle n'a point de bibliothécaire et est très-peu fréquentée.

CHAPITRE XIV

L'ÉGLISE ET LE CLOITRE DE SAINT-PAPOUL

M. Dumège a visité trop rapidement le cloître et l'église de Saint-Papoul, pour avoir pu en donner une idée complète. Dans son opuscule, ce savant archéologue a commis une erreur, en écrivant que Papulus, l'un des disciples de saint Saturnin, reçut la mort sur le lieu même où l'on construisit l'abbaye. Or, comme nous l'avons déjà dit, c'est à un lieu dit l'*Hermitage,* situé à trois kilomètres à peu près de Saint-Papoul, que le saint fut martyrisé.

C'est sur la vieille église de l'abbaye qu'a été

bâtie l'église actuelle de Saint-Papoul. La masse de la construction nous paraît appartenir au treizième siècle, mais quelques-unes de ses parties sont plus anciennes. « L'abside, dit avec raison M. Dumège, offre particulièrement à l'extérieur ces combinaisons architecturales qui ont précédé le style généralement en honneur durant le treizième siècle. D'élégantes colonnes forment les buttées. Dans les entre-colonnements, une ligne de gros modillons ou de consoles supporte la corniche. Plusieurs de ces modillons représentent des têtes d'hommes et d'animaux. » Enfin, l'église est flanquée d'une tourelle extérieure plus ancienne qu'elle-même.

A l'intérieur, l'abside est plus remarquable encore qu'à l'extérieur. Le transept paraît avoir été construit au onzième ou au douzième siècle; les arcades sont à plein cintre comme les trois fenêtres du chœur; elles reposent sur des colonnes de nature et de dimensions diverses, dont les bases sont aussi grossières que les chapiteaux, sur lesquels on a sculpté des figures grotesques et quelquefois obscènes.

A droite, le transept conduit à une jolie chapelle, où l'on remarque un mausolée qui ne manque pas de caractère. Là, sous un arc surbaissé, est un tombeau en marbre blanc, supporté par des pattes de lion, et que décorent de larges guirlandes de fleurs et de fruits. Au-dessous est la statue agenouillée et en marbre blanc aussi d'un évêque. Une longue barbe blanche tombe sur sa poitrine. Devant lui est un prie-Dieu supportant un livre ouvert.

Le style et le travail semblent indiquer que ce monument appartient au seizième siècle ou au commencement du dix-septième. Tout porte à croire que le personnage agenouillé est l'évêque François Donadieu, qui mourut en 1626 et fut enseveli dans l'église de Saint-Papoul. La chapelle où se trouve ce tombeau est d'un style tout à fait différent de celui de l'abside et du transept; la soudure des deux styles est même grossièrement visible, car l'ogive y surmonte l'arcade à plein cintre; puis des colonnettes sveltes et multiples s'élancent jusqu'à la voûte, à côté des colonnes du style roman primitif.

Le cloître se compose de quatre galeries bordées de portiques dont les cintres pleins reposent sur un double rang de sveltes colonnettes reliées deux à deux par une double série de chapiteaux. Ces colonnettes sont composées de briques octogones jointes ensemble par une forte couche de mortier; elles ont deux mètres environ de hauteur. Les chapiteaux sont ornés avec une richesse et une variété infinie; on y reconnaît la naïveté des pieux artistes du moyen âge. Grâce aux louables instances du général d'Hautpoul, président du Conseil général, ce cloître précieux a été élevé au rang des monuments historiques.

Le palais épiscopal, construit au quinzième siècle par l'évêque Pierre Soybert, et depuis plusieurs fois réparé, fut vendu en 1792. M. Tournier, membre de la Convention, l'acheta; il est aujourd'hui la propriété des héritiers du général d'Hautpoul.

CHAPITRE XV

NOTICES BIOGRAPHIQUES

Nous ne pouvons terminer cette notice historique sans faire ici une mention des hommes illustres nés à Castelnaudary ou dans ses environs; car ceux qui se sont rendus utiles par leurs travaux, leurs découvertes ou leurs glorieuses actions, méritent bien que leurs noms soient dérobés à la nuit de l'oubli.

Pierre Nolasque, gentilhomme du Lauragais, né en 1189, près de Saint-Papoul, suivit Simon de Montfort à la croisade contre les albigeois, et fut l'ami de saint Dominique. Il institua, dans son zèle, un corps de chevaliers militaires pour aller à la délivrance des captifs faits par les musulmans. Par les conseils de Raymond de Pennafort, qu'il s'associa, il leur donna l'habit de Saint-Dominique, moins le manteau, qui fut blanc. Cet ordre porta le nom d'ordre de la Merci, et eut son berceau au village du Mas-Saintes-Puelles. Puis, Nolasque passa dans le royaume d'Aragon, où il mourut en 1236, après avoir racheté des infidèles quatre cents captifs.

A la suite des malheurs causés par la guerre albigeoise, les troubadours s'étaient tus ou à peu près. Mais, en 1232, sept habitants de Toulouse qui s'assemblaient fréquemment dans un jardin des faubourgs pour cultiver la poésie, conçurent le projet d'exciter l'émulation des poëtes en proposant un prix. Pour atteindre leur but, ils invitèrent par une lettre-circulaire, écrite en vers, tous les poëtes répandus dans le pays de la langue d'oc à venir à leurs fêtes, promettant une violette d'or à celui d'entre eux qu'ils jugeraient le plus digne d'être couronné. Leur invitation eut tout le succès qu'ils pouvaient souhaiter, et le 1er mai 1324 ils adjugèrent la violette d'or à Arnaud Vidal pour un hymne qu'il avait composé en l'honneur de la Vierge.

Arnaud Vidal, né à Castelnaudary, fut ainsi le premier lauréat de la gaie science. Sa famille habitait dans la rue de Contresty une maison qui a été depuis occupée par le docteur Roussille, d'honorable mémoire. Vidal avait étudié à l'Université de Toulouse, fondée en 1215 pour l'enseignement des sept arts libéraux, et son mérite s'était déjà fait remarquer par une versification coulante et gracieuse. Un nouveau cantique sur le même sujet valut à Arnaud Vidal le titre de docteur en la gaie science.

Jacques Ferrand, natif d'Agen, docteur en Droit et en la Faculté de médecine, vint s'établir à Castelnaudary vers le commencement du dix-septième siècle, et nous savons qu'il y exerçait la médecine en 1606. Il y occupa en 1612 la charge de deuxième consul, et celle de premier consul en 1618. Il est l'auteur d'un ouvrage assez célèbre, intitulé : *Traité de l'essence et guérison de l'amour ou de la maladie érotique,* publié à Toulouse par la veuve de Jacques Colomiez et Raymond Colomiez, imprimeurs ordinaires du roi et de l'Université, en 1610, et dédié à très-haut et très-puissant prince Claude de Lorraine, duc de Chevreuse, prince de Joinville, pair de France, dont Jacques Ferrand était le médecin ordinaire. Ce livre fut condamné par les inquisiteurs de Toulouse comme très-pernicieux, impie et entaché d'astrologie judiciaire[1].

On a vu que Riquet fut aidé dans la construction du canal du Midi par l'ingénieur François Andréossy, dont le père était de Lucques. Il mourut à Castelnaudary le 3 juin 1688, où il s'était fixé avec sa famille. Son arrière-petit-fils, Antoine-François, comte Andréossy, né à Castelnaudary en 1761, s'est rendu surtout célèbre : il se distingua comme lieutenant d'artillerie au siége de Mantoue, puis dans la campagne d'Egypte, où il devint membre de l'Institut du Caire. Après le traité d'Amiens, le général Andréossy fut successivement nommé ambassadeur à Londres, à Vienne, à Constantinople.

Le comte François Dejean, général du génie, né

1. Le docteur Desbarreaux-Bernard a publié dans le *Recueil de l'Académie des Sciences, Inscriptions et Belles-Lettres de Toulouse* une notice remarquable sur Jacques Ferrand. (Voir 7e série, t. I, pp. 203, 224.)

en 1749 à Castelnaudary, fut chargé de différentes missions sous le consulat, et reçut, en 1802, le portefeuille de la guerre, qu'il conserva jusqu'en 1809. A la rentrée de Louis XVIII, il adhéra à son gouvernement et fut nommé pair de France ; mais ayant accepté de Napoléon, pendant les Cent-Jours, de nouveaux emplois, il fut, au retour des Bourbons, éloigné de toutes les fonctions publiques. Néanmoins, il rentra, en 1819, à la Chambre des pairs, où il siégea jusqu'à sa mort.

Les deux frères Ferlus, qui ont dirigé avec tant d'éclat le collége de Sorèze, étaient nés à Castelnaudary. Lorsque les moines bénédictins se dispersèrent, en 1791, dom François Ferlus, encouragé et protégé par l'autorité civile, en devint le directeur et succéda à dom Despaulx, qu'on avait supplié, mais en vain, de rester. Il acheta le collége, le domaine de Saint-Michel, et conserva ainsi ce bel établissement dont la réputation s'étendait, depuis plus de cinquante ans, dans les quatre parties du monde. En l'an V (1797), il s'associa son frère Raymond-Dominique, ancien doctrinaire, qui dirigea à son tour le collége avec un très-grand succès jusqu'en 1824.

Alexandre Soumet, né à Castelnaudary le 29 janvier 1786, montra dès l'enfance un goût très-prononcé pour la poésie; il adressa plusieurs pièces de vers à l'Académie des Jeux-Floraux, qui le couronna. Ce succès le décida à se rendre à Paris, où il vint disputer le prix de l'Académie française. Il fit paraître, en 1810, un poëme didactique, intitulé : *l'Incrédulité,* puis une ode à Napoléon, qui le nomma auditeur au conseil d'État. Malgré ce premier succès, il se retira du monde pendant quelques années pour se préparer à y paraître avec plus d'éclat. A son retour, il fit représenter successivement plusieurs tragédies, qui furent vivement applaudies : *Clytemnestre,* en 1820 ; *Saül,* en 1821, *Cléopâtre, Jeanne d'Arc,* 1825 ; *Élisabeth de France,* 1828 ; *Une fête de Néron* (avec Belmontet), en 1830 ; puis les opéras de *Norma* et du *Siége de Corinthe.* Soumet s'éloigna de la scène après cette dernière œuvre, afin de se consacrer à la poésie épique, et il ne reparut au théâtre qu'au bout de dix ans pour donner quelques tragédies nouvelles faites en commun avec sa fille Gabrielle : telles sont *le Gladiateur,* 1841 ; *le Chêne du roi, Jeanne Grey,* 1844. Enfin, il publia deux grands poëmes : *Jeanne d'Arc* et la *Divine épopée,* où il faisait la contre-partie du *Paradis perdu,* car le poëte chante la rédemption de l'enfer. Éminemment poëte, Soumet brille surtout par la beauté de la forme, par l'harmonie et le coloris du style. Il avait été reçu à l'Académie française en 1824 ; il était conservateur des bibliothèques du roi, d'abord à Saint-Cloud, puis à Rambouillet et à Compiègne. Son buste a été inauguré le 20 du mois de mai 1845 dans la salle du conseil de l'hôtel de ville.

Parmi les députés que la sénéchaussée de Castelnaudary envoya aux États généraux, en 1789, il en est un, Martin d'Auch, licencié ès-lois, dont le nom restera dans l'histoire. Seul entre tous ses collègues, Martin d'Auch, du bailliage de Castelnaudary, s'opposa au serment du Jeu de Paume. A côté de son nom il ajouta : « Opposant ». C'est en vain que Bailly lui représenta qu'il avait le droit de ne point signer, mais qu'il ne pouvait former opposition, Martin d'Auch persista, et l'assemblée, par respect pour la liberté des opinions, consentit à ce que son vote fût consigné au procès-verbal.

PIÈCES JUSTIFICATIVES

N° 1.

Les châteaux de Laurac et de Castelnaudary appartenaient aux comtes de Carcassonne, car ces seigneurs possédaient une partie de l'ancien comté de Toulouse. Mais l'histoire des premiers seigneurs de Castelnaudary et celle des seigneurs de Laurac est fort obscure. Certains documents paraissent désigner les premiers sous le nom de Guillaume (Villelmus de Castello-novo) et les seconds sous celui de Gillabert de Laurac, et plus tard de Sicard de Laurac. Pendant la guerre albigeoise, Simon de Montfort donna à Hugues de Lascy la seigneurie de Laurac et de Castelnaudary. Voici un acte de 1123 constatant une ligue entre Alphonse, comte de Toulouse, et Bernard-Aton, vicomte de Béziers (château de Foix, cartulaire, caisse 15) :

Ego Ildefonsus filius Arvillaæ, comes Tolosanus, ad te Bernard filium Hermengard, vicecomitem de Bitterri ab hac hora in antea non tollam tibi vitam tuam neque membra quæ ad corpus se tenent neque inde te decipiam, neque tollam tibi Carcassonam neque civitates tuas, neque castella, neque burges, neque homo neque fœmina per meum consilium vel per meum ascensum; et qui de istas causas supra scriptas tollere tibi aut t'enguerram tibi faceret per toldre, adjutor tuus essem sine inganno. Et ero adjutor tuus de comite Pictavensi et de infantibus suis et ero adjutor tuus de comite Barchinonensi et de infantibus suis. Totas istas causas suprascriptas ego tenebo et attendam. Sine inganno, per hæc sancta. Testes hujus rei fuerunt Amelius Tolosanus episcopus, Raymundus de Balz, *Willelmus de Castelno-novo*, Elisiarius de Castras, Guillelmus Raynardi de Misenas, Bertrandus Albiensis episcopus, *Guillabertus de Lauraco* Willelmus Petri de Caraman,

Bertrandus de Villamuro, Poncius de Dornan. (*Preuves* de l'*Histoire de Languedoc*, t. V de la nouvelle édition, pp. 907 et 908.)

N° 2.

DE CASTRO-NOVO DE HARRIO, DIOCESIS TOLOSÆ ET SUA BAJULIA

Noverint universi, quòd convocatis consulibus et Universitate et populo Castri-novi de Harrio, Tolosæ diocesis..... prædictus judex, vice et mandato prædicti senescalli, accepit ad manum ipsius domini Regis ipsum Castrum-novum de Harrio cum omnibus castris et villis et territoriis quæ sunt in bajulia et districtu dicti castri.

Ad hæc consules dicti castri, scilicet : dominus Bertrandus Petri Miles, G. Maurusso, Joannes Sagrassa, Germanus Fogueti, Bernardus Beguini, Guillelmus Bartas, Guillelmus Iteri, pro se et pro domino Aymerico de Castro-novo milite et Bernardo Olrici Domicello, et Guillelmo de Podio Domicello, Conconsulibus suis, et pro tota Universitate et populo prædictis; et ipsa Universitas et singuli de ipsa qui ibi erant præsentes; videlicet Stephanus Martini, Ar. Martini, P. Arrufati, A. de Calvairaco, *magister;* P. Lupati, B. Amelii, *notarius;* Guiraudus Amelii, Pontius Martini, Galardus Durandi, G. B. Durandi, P. Lupati, G. Lupati, P. Dulcis, *magister*, Raymundus de Capella, P. Ricardi, R. A. de Soperiis, Ar. Deodati, B. de Peracollo, Ar. Sicardi, Petrus de Savarto, P. de Gaulego, Bonetus de Payrano, Simon Dulcis, Adalbertus....., Guillelmus Dridi, *medicus*, ut majores et meliores de ipsa Universitate et omnes alii quorum nomina scribi propter nimiam multitudinem fuisset tœdiosum ad requisitionem prædicti judicis sponte promiserunt et elevatis manibus ad sancta Dei evangelia, juraverunt quod prædictum dominum regem et hæredes suos Reges Francorum, et dominationem et gentes et bona et jura ipsorum pro legali posse suo semper custodient, defendent et salvabunt : recognoscentes et asserentes, quod dictum Castrum-novum cum altis et bassis justitiis, et mero et mixto imperio, et cum omni juridictione, fuit proprietas domini comitis Tolosæ et nunc est ipsius domini regis; et quod communitas dicti loci debet domino regi fidelitatem et exercitum, hoc salvo, quod quando vadunt in exercitum, dominus rex debet facere deferri arma ipsorum propriis expensis, prout olim faciebat dominus Raymundus quondam comes Tolosæ.

Actum apud Castrum-novum de Arrio in consistorio comitali, in testimonio Petri Verduni, domini Bromii presbiteri, Arn. Garreti, Arn. de Aurencha juvenis, P. Durandi, B. Maurussoni; et mei Petri de Parisius notarii, antedicti, qui omnibus prædictis interfui, hoc publicum instrumentum scripsi anno dominicæ incarnationis 1271, 7 calendas decembris. (*Annales de Toulouse*, par Germain Lafaille, t. I, *Preuves*, p. 39.)

Le *saisimentum* fait figurer à la tête des nobles du bailliage de Castelnaudary « Aymericus de Castro-novo, avec la qualification de *miles*. » Cet Aymeric était fils de Guillaume, seigneur de Castelnaudary, car d'autres documents s'expriment ainsi : « ..... et Aimericus de Castello-novo qui fuit filius Willelmi de Castello-novo. »

N° 3.

COUTUME DE CASTELNAUDARY

Ad honor de la santa e indivisibla trinitat, le payre el filh el sant sperit, amen. Les senhors Cossols populars del *Castelnaudari*, so es asaber les senhors G. de la Torr Duran, P. Raynart, G. Pons, Ar. Amielh, G. Domerc, en G. Guilabert, l'an de nostre senhor MCCCXXXIII, vezens e esgardans las costumas, uses, costitucios, statutz e libertatz del dit castel antiquament observadas, usadas e tengudas per lors predecessors, jacia que fosso scritas en lors registres registradas, en diversos loys mescladas e indiscretament e desordenat pausadas, si que dificil causa era als requirens avens necessitat de costumas, trobar la costuma e le statut necessari; las sobreditas costumas, uses, libertatz, costitucios e statuts el dit Castelnau antiquament dessa en reyre longuament observatz, e a tant de temps passat que memoria de home no era in podia esser en contrari, fayta primierament apreza per le noble e poderos senhor mosenhor Bernart de Solempniat, cavalier e senescalt de Tholoza de Albeges de nostre senhor lo rey de Fransa, am son coselh, las ditas costumas, uses, statutz, libertatz e franquesas desus ditas foro per la real magestat cofermar e cofermadas no ajustat en lor sustancia ni mudat ordenadament las ditas costumas, uses e libertatz e cascuna de lor singularment e ordenada.

I. Primierament es us e observancia e costuma el castel nau desus dit que les vj cossols populars que so de vj partidas del dit loc, otra cossols dels gentils, registran e gouvernan ledit cossolat els negocis de la universitat, per j. an complit ses pus, e lan complit no uso delor ufici sino de licencia de Moss. le senescalt o de Mossenh. le juge de Lauragues o de so loc tenent.

II. Item es us e observancia e costuma el dit Castel nou que les ditz cossols a la fi de lan de lor regiment e din lan elegiscan xii prosomes del milhors dels sufficiens deldit loc, cascu cossol dos de son port e de sa partida o gayta, les cals xii divises en vi parelhs, j. pareilh de cada partida, elegitz e scritz en un fuelh claus e sagelat del sagel comu del cossolat o dels sagels propis dels cossols que fan la eleccio, ladita eleccio baylo e liuro a mosenhor le juge de Lauragues o a son loc tenent o autre sobira o deputat de lor; le cal senhor juge o autre a so loc aja a pendre de cascu parelh elegir j; le pus sufficient, fayta legittima e summaria enformasien am dautres prosomes del dit castel, en aysi que dels xii, eligitz ne prenga vi, les pus sufficients, els cree cossols am sagrament e am la sollempnitat que requier, les cals vi regiran e guovernaran aysi quo desus es dit per j. an.

III. Item. Es us e observancia e costuma el dit loc quels ditz vi cossols al comensament de lor cossolat creatz et prestat sagrament si cum desus es dit eliegan e apelo xxiiii prosomes o may si lor es vist o mens a lor voluntat so es assaber cascu cossol iiij o may de sa gayta e de sa partida del plus sufficiens per acosselhadors de lor, e j o ij. ancessors o may si lor es vist ni expedient, le cal o les cals ancessors juraran en las mas dels dits cossols que be e lialment e fizel lor acoselharan els crims en las causas criminals els cals so juges el dit castelnau e en sas pertinencias en tota la baylie el ressort del dit castel intrelocutorias e sentencias accordar e proferre en les autres cases de que so juges so es assaber de les causas que se vendo el mercat que summariament podo far pagar lo comprador al vendedor dins viii jorns, e far redre tota bestia morbosa venduda al mercat del dit castel dins les VIII jorns, si apar malautia rescostissa e far compellir le vendedor a redre le pretz al comprador; e de .....bozols, carrieras de loquier de hostals e de maltrayt de jornaliers de menestrals cal que sian, e de loguadiers a semmanas, mes e an o ans, e tropas dautras causas : lo cal o les cals ancessors eshament am les acoselhayres desus ditz juran en las mas dels ditz cossols, als sans de Diou avangelis de lor ma propria tocatz be e fizelment lor acoselhar les uses, libertatz, franquesas e costumas els autres dreytz e devers de la universitat del dit castel servar, gardar e deffendre justa lor poder per tot lan del regiment de lor cossolat.

IV. Item. Es us, costuma et observancia el dit loc del castel nau que les ditz senhors cossols populars al comensament de lo cossolat ajan e apelo 1 bo home fizel e lial a lor poder que sia notari o autre sufficient recebedor e tesaurier qui recepia las rendas, deners e provens, emolumens, questas e talhas communas els autres semblans necessaris, e las ditas receptas e las despesas comunas aja scriure en dos libres dels cals la j. tendra lo recebedor, et lautre los senhors cossols; el dit Recebedor reda conte de XV en XV dias al dits cossols, e scriure el dit libre las presas et las despesas comunas aysi co als dits senhors cossols sera vist e oportu; el dit Recebedor, si es notari, scriura, e si nes notari fara scriure a j notari las causas jugadas per les dits cossols, so es assaber que seran portadas per las gardas de dins ou de fora, e messiguiers, condempnacios, justicias de mal fazens de dins et de fora e de talans segon las costumas del dit castel las cals so dejos scritas e las conoychensas del dia del mercat et de las fieyras, conoyshensas de carrieyras, hieshes, passadas, de murs, de parets, de tortices, valhats e bozols e totas autras causas de que conoysho exceptats les crims, may totas autras causas de qui an a conoycher en lor loc o mayso o obrador communal, le cal Recebedor jura al sans de Diou anvangelis en las mas dels cossols si be e lialment aver al officii de sus dit e bon conte e lial redre a lor de receptas e de mesas e las autras causas que a son offici se aperteno.

V. Item. Es us, costuma e observancia el dit loc del castel nau que cum les cossols sian juges e conoychedors a lor se apartenga la conoyshensa del pa, del vi, de carns fresques et saladas, de draps, lanas et filatz, de bestias vendudas al mercat segon las costumas, hieyshes e de paretz, murs e torcices de obras de merciers, manganiers, teycheyres, carpentiers, sartres, peliciers, sabatiers e de totas autras obras e de totz autres menestriers et mercadayrias que lialment se fassa cascu ses frau, barat, bausia e falcetat, e am penas dejos declarados ras en lor loc, les ditz cossols al comensament de lor cossolat meto e stabliso sobre cascu mestier e mercadayria dos o may persones sobre pausats e que juran als sans de Diou avangelis en las mas dels ditz cossols que faran bonas et lials relacios e jucgemens de so que sera sobre pausat en mercadayria o en mestier si cum desus escrit al miels e pus lialment que cascu poyra segon so avis o avejayre e segon sa bona cosiensa.

VI. Item es us, costuma e observancia al dit castel que cascu dels dit cossols al comensament de lor cossolat cascu de sa partida aja crear e far 1 bonhome e sufficient garda de dins vila que ajan a gardar de jorn et de nieytz la vila, e que las mercadyrias e mestiers desus dits se fassan be e lialment e sufficient ses tot defaut, e gardar quels pes e las mesuras e las pagelas sian lials, e las carieras gardar que degu no las occupe et las autras tropas de causas en las penas dejos scritas e juro en las mas dels cossols be e lialment gardar.

VII. Item. Es observancia, us e costuma al dit loc que cascu dels dits cossols al comensament de lor cossolat aja far et crear ij o iij o may segon que lor sera vist e expedient e necessari homes lials per messiguiers e garda de fora que ajan a gardar de dias et de nueyt les camps, vinhes, prats, bozoz, ortz, verguiers, que negu no tale ni done damnatge en frut, blatz, erbas, ni en deguna autra causa, les cals juro en las mas dels cossols be e lialment gardar las causas desus ditas e totz les talans dampnages donans et frutz prendens e panas alor portaran per jutgar en las penas dejos scritas en aysi cum dejos se conteno e bonas relacions e liels faran de so que trobaran, e que am los ditz talans ni am degu de lor no faran compositio sino de voluntat dels dits cossols o de la mayer partida de lor.

VIII. Siego se las rubricas per ordre de que les cossols dessus dits so jugges otra les crims e conoyshedors summariament e ses for judicari en jorns feriatz et no feriatz am scriptura o ses scriptura.

Premierament de tot contrayt que se fa le dia del mercat al castel o a las pertenensas.

Item de tot maltrayt de homo e de fenno o de bestia o dals.

Item de tot loquier de hostal o de obrador, bordas, verguiers, ortz e dautras causas.

Item, de totas carrieras reyshes e passadas.

Item de tot ayguavers, stillicidis e ayguas de covemens e adusimens.

Item de tot manjar e beure de home e de bestia en taverna, hosdalayria e de tots vituals.

Item de totas obras e de tot migas de hostals, bordas, vergers dins e de fora.

Item de totz bozols, valhats, recs e yshidas.

Item del Enquant e de la crida am trompa e ses trompa.

Item de totas obras de fusta e d'autras causas.

Item de tot pes, tota mesura e tota pagela.

Item de pes e pagelas falsas.

Item del gayt de la nueyt dins vila e de fora, etc., etc.

IX. Les cals cossols totas las causas desus ditas podo sumariament conoycher e juggar e exeguir e la una partida de lor podo jugar e condampnar tot home e tota femna que fassa contra les uses e costumas del dit castel e de totz les desobediens en las causas desus e dejos scritas aysi cum dejos se ensiet a la menor justisia entro XVIII diners o may o mens a lor devis e a la major entro a la soma de V sols tolzas, e aquels far compellir e pagar e mandar als servens reals per lor meseyches ses autra cort requirens, o las penas laychar o remetre a lor voluntat en tot o en partida les cals penas per lor jugadas e conogudas la meytat de la vila e las podo far levar per lor recebedor e convertir e profueyt comu, e l'autra meytat de las gardas dedins o dels messiguiers gardas de fora que o auran trobat e portat alor per juggar aysi cum dejos se ensiet per orde premierament de las causas de que so juges ses pagar pena per las causas.

XXXIII. Item que si degu ni deguna era rebelles a far las causas desus ditas o neguna de aquelas si cum desus es dit a conoyshensa et somari juggament dels dits cossols seran per lor o de lor mandament forsatz a far per pundement de bes e vendement fayt per les dits cossols e de lor mandament et per las despensas que de aqui se exeguiran e per empensament de penas entro V s^s tolzas levadoras e aplicadoras a la communitat.

CIXII. Item que degu ni deguna que fassa filhol nol ause portar als braces, mays que una femna ley porte am 1 bres sul cap, en pena de V s. tolzas.

ClXIII. Item que degu ni deguna que fassa filhol no ause asemprar ni menar mas IIII homes et IIII donas can fara le filhol a la gleysa, en pena de v s. tolzas.

ClXIV. Item. Quel payri no ause strenar ni donar per strena al filhol deguna causa qualque sia, mays tant solament j dinier de argent e la mayrina anaysi meteys autre.

ClXV. Item que aquel que aura fayt ni tengut a las fons le filhol can le aura fayt, ni aquels que aura azempratz no ausa entrar degu a lostal de la jazent dou sera le filhol ni, ledit filhol stenar si cum desus es dit, en pena de v s. tolzas.

Nº 4.

Copia instrumenti acordi facti inter consules et populares castri novi super nundinis concessis in dicto loco, recepti per magistrum Petrum............ Anno et die in dicto instrumento contentis.

Anno Domini M°CCCC°LXIIII°, domino Karrolo Franc. rege regnante, noverint universi presentes pariter et futuri quod cum in loco de castro novo de Arrio per dominum nostrum Franc. regem seu ejus locum tenentum tres nundine concesse fuerint prime in festo beate Marie Magdalene, secunde in festo beati Juliani quod celebratur crastina die Epiphanie Domini, tertie die martis post quasimodo; et tempore concessionis nundinarum predictarum prout ibi fuit dictum domini consules castri novi videlicet magister Petrus de Villaveteri, consul de Bario de intus portam, Petrus Constantini, consul de Barrio de extra portam, Bertrandus Robberti, consul de platea; Jacobus Seguini, consul de portu Narbonesio, dominus Guill. Fabri in legibus licenciatus, consul de portu Bordarum, quondam tempore quo vitam ducebat in humanis; Bernardus Narbone, consul de portu Baffie, tractassent et in acordo remancissent super mercaturis et rebus venientibus et portantibus in dictis nundinis causa emendi, vendendi et biscambiandi et in quibus locis reponerentur et moram traherentur et etiam ubi et in quibus locis mercatores in dictis nundinis venientes pro vendendo dictas mercaturas, merces et alias res moram traherent et eas mercaturas tenerent; et hoc de voluntate et consensu popularium loci de Castro-novo seu sanioris parte eorumdem.

. . . .

Ideoque dicti consules omnes insimul de voluntate, concilio et assensu discreti viri magistri Bartholomei Constantini et etiam discreti viri magistri Bernardi Sernet, in legibus baccalariorum, Ramundi Grimardi, magistri Bernardi Amperii, Johannis Seguini, Bernardi Babonis, Petri Amorosii, Amaldi Regis, Bernardi Bosc, Ramundi Barte, Petri Bosqui, magister Petri Robberti, Johannes Fabri, Johannis Tocabovis, Petri Dayde, Petri Maioffini, Bertrandi Olibe, Guillelmi Olibe, Bertrandi Magaronis, magistri Arnaldi, Stephani-Johannis Michaelis, Arnaldi Fabre, Guillelmi Olricii, Johannis Goci ibidem presencium et ad infra scripta concenciencium, presencium et assistentium in predictis, venerabili et circumspecto viro domino Bernardo Fogueti, in legibus baccallario, judice Lauraguesii D. nostri Franc. regis pro jure regis conservando protestante primum per dictos consules et alios populares superius nominatos quod tractatu et acordo superius expressatis non intendunt jus regium in aliquo occupare nec ipsi juri regis derogare, etc.

Et dicti domini consules pro se et tota universitate dicti loci et omnes superius nominati populares pro se ipsis et eorum successoribus predictum tractatum et accordum cum condicionibus et etiam protestationibus tenere complere, et inviolabiliter observare promiserunt, etc.

N° 5.

Voici l'acte de restitution des priviléges et coutumes de Castelnaudary par le comte d'Armagnac, après le sac de la ville et l'incendie des archives par les Anglais (coté n° 446 dans l'inventaire de 1598) :

Petrus de Casetone miles, dominus de Gordonio, magister a requestis hospicii nostri Francie regis, ejusque senescallus Belliicadri et Nemausi, universis et singulis justiciariis regis et aliis quibuscumque in dicta nostra senescallia constitutis salutem. Litteras patentes emanatas ab egregio viro domino comite Armaniaci, Ferensacii, vicecomite Laomenie ac locum tenentem d. nostri Franc. regis in partibus occitanis nos recepisse sub his verbis.

Notum facimus quod nos corone Francie ac tocius reipublice honorem et commodum prosperari cupientes, et ut *villa* seu *castrum* Castri novi de Arrio nuper per inimicos domini nostri Francorum regis destructum pro majori parte, concrematum melius et facilius pro conservatione rei publice et subditorum construatur et rehedifficetur, confectionique murorum, fossatorum et aliis ad fortificationem et clausurarum dicti loci necessariis succurratur deliberatione magni concilii perhabita, consulibus et universitati ville seu castri novi de Arrio et singulorum qui nunc sunt et pro tempore fuerint concessimus et concedimus qui sequuntur.

I. Primò namque eis concessimus ac confirmamus privilegia que acthenus consueverunt habere in dicto loco, videlicet quod sint judices in criminibus in dicto loco et ejus ressorto, si et prout acthenus retroactis temporibus consueverunt, et usi fuerunt et tempore destructionis dicti loci pacifici utebantur.

II. Item. Eis confirmamus usus et libertates que habere consueverunt in dicto castro per tantum tempus de quo in contrarium, non existet memoria prout est quod sunt judices et esse consueverunt de omnibus controverciis, litibus et demandis que inter partes seu contrahentes oriuntur in die lune, in quà die efficitur forum seu mercatum in dicto castro, et etiam consueverunt tenere audienciam in dicto foro et judicata et cognita exequitioni demandare, et etiam excubie nocturne, messegaria et emolumentum ejusdem, cognitio ponderis, mensurarum, carnium minus sufficiencium, pannorum falsorum et falsa mescle lane et cujuslibet mercature et emolumentum pene usque ad quinque solid. tol. et cognitio contractuum simplicum, aqueversus, stillicidiorum, carrierarum, exituum inter vicinos et passatarum et pena adulterii que est quinque solidorum, et plurium similium aliorum, si et prout acthenus per ipsos extitit fieri consuetum, et prout tempore novissime destructionis predicte pacifice utebantur. Etc., etc.

Datum Tholose die secundo mensis februarii, anno Domini M° trecentesimo quinquagesimo quinto.

(Cartulaire communal, 2e partie, f° VII.)

Suit la confirmation royale des lettres du comte d'Armagnac, et on y lit :

Item quod dicti consules tertiam partem condempnationum et compositionum que fient in dicto loco castri novi per judicem nostrum Lauraguesii possint exigere et levare, quousque ipsi de illis receperint usque ad valorem centum marcharum argenti convertendarum in reparacionibus castri nostri regis supradicti : dum tamen condempnationes seu compositiones supradicte proveniant ex delictis seu excessibus delatis per consules supradictos vel alios habitantes dicte ville, remanente nobis toto residuo, videlicet duabus partibus condempnationum seu compositionum earumdem.

N° 6.

Anno MCCCXLVIII, xv kal. martii, obiit sanctæ memoriæ Reverend. Pater dominus Guillelmus de Cardallaco, episcopus S. Papul secularis vir fuit strenuus et nobili prosopia ortus, bene defendens puræ ecclesiæ, cujus meritis Deus fecit eo vivente et intercedente miracula. Iste vir sanctus, pro majori parte fecit ædificare castrum de Villaspino, diœcesis S. Papuli, ad mensam episcopatus pertinens. Item capellam B. Mariæ in ecclesia S. Papuli. Item dedit crucem pulcram de argento, quæ non erigitur baculo, ubi sunt multæ reliquiæ sanctorum. Item dedit ecclesiæ imaginem B. Mariæ, de argento; pro magna parte fecit ædificare turrim ubi sunt carceres episcopales. Quiescit in ecclesia S. Papuli in capella B. Mariæ in terra ante sepulcrum pro funere suo ædificatum. Injuriatè fuit ductus Tolosam ad instantiam æmulorum, sed omnes ductores Dei judicio percussi, infra quindecim dies vili morte perierunt. Obiit idem sanctus xv. Cal. martii, anno 1347.

N° 7.

DÉPOSITION DEVANT L'INQUISITION DE TOULOUSE

(5 juillet. — 7 août 1256.)

Guillaume Fornier, de Toulouse, hérétique converti, fugitif et revenu après avoir reçu assurance qu'il ne serait pas arrêté dépose, sous serment, de tous les faits relatifs à son entrée dans la secte des hérétiques, et à son séjour parmi eux jusqu'à sa conversion :

Confessio Guillelmi Furnerii de Tholosa, conversi.

Anno Domini M°CCI° sexto, III nonas julii, Guillelmus Fornerii conversus de heresi, qui manet apud planum Guillelmi in Tholosa, fugitivus. . . . .

. . . .

et ibi dictus Ramundus Mecer, et Ramundus de Manso, et Peytavinus et Petrus de Belestar et quidam alii socii eorum hereticorum *hereticaverunt* ipsum testem et Bernardum de Rocovila, militem, secundum modum hereticorum;. . . . . . . hæretici imposuerunt manus et librun super capita eorum, et legerunt et dederunt eis pacem, primo cum libro, consequenter cum humero, et adoraverunt Deum facientes venias et genuflexiones multas. . . . .

Et ipse testis fuit hereticus indutus et perfectus tenendo et servando ritum hereticorum per tres annos vel amplius. Et fuit eodem tempore per annum apud Cremonam cum mecer Vivent, episcopo Tholosano; et vidit ibi pluries Petrum de Beuvila et Guillelmum Ricardi et Bernardum Ricardi de Avinione fratres............. et Ramundum de Roaxio, filium Bertrandi de Roaxio de Tholosa.......... et plures alios adorantes mecer Vivent, episcopum Tholosanum et quosdam alios hereticos, etc. (Musée des Archives départementales, pp. 158, 159 et 160, et *Preuves* de l'*Histoire de Languedoc*, pp. 436 et 437.)

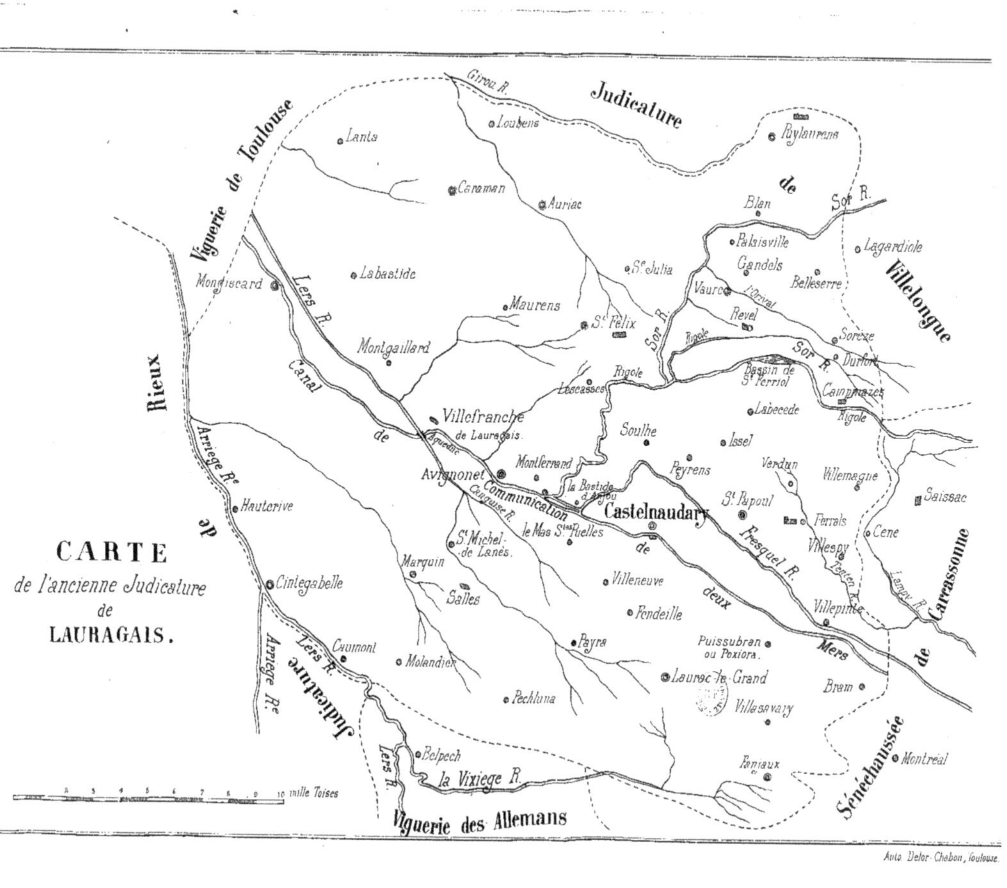

Auto. Delor-Chabon, Toulouse.

TABLE DES MATIERES

8

Toulouse, imprimerie PRIVAT, rue Tripière, 9. — 364

www.ingramcontent.com/pod-product-compliance
Ingram Content Group UK Ltd.
Pitfield, Milton Keynes, MK11 3LW, UK
UKHW020241220726
13923UKWH00002B/774